Las
Relaciones

Si este libro le ha interesado y desea que lo mantengamos
informado de nuestras publicaciones, puede escribirnos a
comunicacion@editorialsirio.com,
o bien suscribirse a nuestro boletín de novedades en:
www.editorialsirio.com

Título original: THE RELATIONSHIP HANDBOOK
Traducido del inglés por Frances Prims
Diseño de portada: Editorial Sirio, S.A.

EDITORIAL SIRIO, S.A.	NIRVANA LIBROS S.A. DE C.V.	DISTRIBUCIONES DEL FUTURO
C/ Rosa de los Vientos, 64	Camino a Minas, 501	Paseo Colón 221, piso 6
Pol. Ind. El Viso	Bodega nº 8,	C1063ACC
29006-Málaga	Col. Lomas de Becerra	Buenos Aires
España	Del.: Alvaro Obregón	(Argentina)
	México D.F., 01280	

www.editorialsirio.com
sirio@editorialsirio.com

I.S.B.N.: 978-84-16579-28-0
Depósito Legal: MA-321-2016

Impreso en Imagraf Impresores, S. A.
c/ Nabucco, 14 D - Pol. Alameda
29006 - Málaga

Impreso en España

Puedes seguirnos en Facebook, Twitter, YouTube e Instagram.

Shakti Gawain,
autora de *Visualización creativa*
y Gina Vucci

Las
Relaciones

*como un camino hacia la consciencia,
la sanación y el crecimiento*

editorial Sirio

Primera parte

INTRODUCCIÓN

El camino de las relaciones

La mayoría tenemos el deseo de conectar profundamente con los demás. Anhelamos dar y recibir amor y compartir entre nosotros de muchas maneras. A menudo, sin embargo, nos encontramos con que la cercanía que deseamos resulta esquiva. Relaciones de todas clases pueden surgir y acabarse, o cambiar. A veces, las relaciones pueden ser muy dolorosas. Muchos de nosotros no hemos contado con modelos demasiado buenos a la hora de relacionarnos con quienes nos rodean, especialmente en el entorno familiar o el de las personas más cercanas. Hacemos todo lo que podemos para averiguar cómo ser mejores padres, amigos, compañeros, hermanos o hijos. Como dice el viejo adagio: «Cuando nacimos, se olvidaron de darnos el manual».

Afortunadamente, estamos viviendo en unos tiempos de grandes cambios y descubrimientos. Estamos aprendiendo nuevas maneras de vivir más conscientemente, y una de las principales maneras de hacerlo es a través de nuestras relaciones. Cada vez más personas están buscando ayuda y entendiendo cómo funcionan las relaciones, no solo las íntimas, sino todas. Muchos de los que buscan ayuda quieren *mejorarlas*, si bien tendemos a pensar, secretamente, que la persona con la que tenemos dificultades es la que necesita mejorar más. El objetivo de relacionarnos con los demás de una manera más saludable y satisfactoria merece la pena, y aprender a comunicarnos con eficacia puede mejorar todas nuestras relaciones. La comunicación es una herramienta que estamos desarrollando constantemente, sobre todo a medida que crecemos, cambiamos y aprendemos más sobre nosotros mismos.

Incontables psicólogos y terapeutas, a partir de una amplia variedad de perspectivas y distintos tipos de sabiduría, se dedican a ayudar a la gente a mejorar sus relaciones. Muchos de ellos son extremadamente eficaces y pueden ayudar mucho a sus pacientes, pero a menudo se centran en la relación misma.

Sin embargo, las relaciones pueden enfocarse también desde otro punto de vista. Esta perspectiva no se encuentra en los modelos más populares, aun cuando es el medio más poderoso para la expansión de la conciencia que he experimentado jamás. Se trata de *la comprensión de que nuestras relaciones son nuestras maestras* y pueden guiarnos a través de nuestras vidas si sabemos cómo utilizarlas con este propósito. Este sistema aparta el foco de la relación misma y se centra en lo que estamos experimentando en la relación y en lo que esto puede enseñarnos sobre nosotros mismos y nuestro proceso interior.

Independientemente de si vamos a permanecer en ella o si vamos a dejarla, cada relación es, ahora, una oportunidad para que aprendamos sobre nosotros mismos y crezcamos. Trabajar con mis relaciones de esta manera ha sido el camino de consciencia más potente y completo por el que he transitado, y me encanta darlo a conocer a más personas.

Cuando vemos las relaciones como un camino de consciencia, reconocemos que la relación más importante para nosotros es la que tenemos con nosotros mismos. De hecho, es nuestra primera relación, aquella que se halla en la base de todas nuestras vidas. Todas las demás son espejos que nos reflejan aquello que podemos o no saber sobre nosotros mismos. El proceso de usar estos reflejos para aprender sobre nuestro desarrollo y sobre nosotros mismos nos ayuda a convertirnos en seres conscientes, integrados. Si vemos así todas nuestras relaciones, nos pueden proporcionar un viaje muy significativo hacia la sanación y la plenitud.

En este libro descubrirás cómo puedes usar tus relaciones como un camino hacia una mayor conciencia. Te darás cuenta de cómo sus aspectos problemáticos reflejan lecciones valiosas que necesitas aprender para poder experimentar más satisfacción y plenitud en tu vida. Si tienes conflictos con una relación en concreto, reconocerás que esta, como todas las otras relaciones, te ofrece la oportunidad de sanar y crecer.

Además de averiguar cómo puedes usar tus relaciones como un camino de consciencia, también aprenderás cómo usar herramientas que les brinden claridad y sanación. Estas herramientas incluyen afirmaciones, la visualización creativa, el diálogo de voces y ejercicios de facilitación.

Estos son algunos temas con los que trabajaremos:

- Hacernos conscientes de nuestros patrones inconscientes y sanarlos.
- Aprender a usar el «espejo de las relaciones».
- Comunicarnos más eficazmente.
- Equilibrar la intimidad con la independencia.
- Experimentar relaciones más satisfactorias con todas las personas presentes en nuestras vidas.

El camino de la consciencia no se acaba nunca, y constituye siempre una aventura. El universo nos va revelando constantemente más cosas a medida que avanzamos en nuestro viaje. Este libro te servirá como una guía a la que puedes acudir una y otra vez mientras tu camino sigue extendiéndose ante ti.

Lo he escrito en colaboración con Gina Vucci, mi mánager, amiga y compañera a la hora de impartir los talleres. Este libro parte del formato del Taller de las Relaciones que hemos estado impartiendo juntas durante años. Empiezo nuestros talleres con una presentación que incluye mi historia, y a continuación Gina dirige ejercicios de visualización creativa (que se practican al comienzo y al final de los talleres) y el trabajo con los yoes, que es muy transformador. El Taller de las Relaciones dura normalmente un fin de semana, y es uno de los más potentes que hemos impartido. Estoy encantada de poder compartir este importante trabajo contigo por medio de este libro.

La historia de Shakti

Toda la vida me han fascinado las relaciones, la familia y la comunidad. Cuando miro hacia atrás, puedo ver que en ciertos momentos sentí un profundo anhelo de cercanía y conexión. Creo que, en gran parte, este anhelo se debía a experiencias que había tenido en mi primera infancia y con la familia.

Algo que fue casi con seguridad determinante para mí fue el hecho de que era hija única, junto con la circunstancia de que mis padres se divorciaron cuando yo contaba con tres años de edad. Tras su divorcio, viví con mi madre. No se volvió a casar ni tuvo más hijos, de modo que nuestra familia era pequeña: tan solo mi madre y yo. Mi padre se volvió a casar y gané una madrastra encantadora, dos hermanastros y, más adelante, una hermanastra. Vivían a unas cuantas horas en coche y me encantaba visitarlos, pero nunca viví con ellos. Aunque nos queríamos mutuamente, me sentía conectada con ellos de otra manera, sobre todo por el hecho de que apenas nos veíamos.

La familia de mi madre vivía en Texas, y tras habernos mudado unas cuantas veces mi madre y yo nos asentamos en California. A menudo visitábamos a su familia por Navidad o el Día de Acción de Gracias, y recuerdo vívidamente lo feliz que me sentía de formar parte de una gran familia por un rato. Creo que había una parte de mí que siempre quiso experimentar más este sentimiento.

A principios de la edad adulta, me fascinaban la psicología, la espiritualidad y la metafísica. Eran los años sesenta y setenta, en que muchas enseñanzas filosóficas y espirituales orientales llegaron a Occidente y muchos occidentales viajaban a Oriente.

Como otras muchas personas de mi generación, pasé tiempo viajando por Europa y Asia y me influyeron mucho las distintas culturas que conocí y experimenté, especialmente la India. Como una occidental típica, me centraba principalmente en los aspectos mentales y físicos de la vida. Estaba acostumbrada a enfocar mi vida desde el punto de vista de la lógica, y me sentía inclinada a «hacer» y conseguir cosas. En cambio, las culturas por las que viajaba estaban orientadas hacia un enfoque más espiritual de la vida y cultivaban el hecho de «ser» energía. Al principio, el contraste fue muy chocante para mí, pero poco a poco fui comprendiendo que necesitaba un mayor equilibrio entre el hacer y el ser en mi vida.

Cuando volví a los Estados Unidos, supe que me encontraba en un camino de desarrollo personal, aprendiendo a vivir una vida más satisfactoria y realizando una contribución significativa al mundo. Leí muchos libros, asistí a muchos talleres, estuve con muchos grupos, e hice terapia individual y grupal. Me fui a vivir con una comunidad de buscadores a quienes sentí como la gran familia que siempre había querido tener. Meditábamos juntos, trabajábamos juntos y compartíamos unos con otros las muchas cosas que estábamos descubriendo. Empezamos a impartir talleres al público, en los que enseñábamos aquello que estábamos aprendiendo.

Llevé a cabo algunos descubrimientos fascinantes; ideas y herramientas que me ayudaron a gozar de una vida más rica y plena. Algunas de ellas las encontré en libros, otras en talleres y otras me las proporcionaron distintos profesores. Una de mis primeras influencias fue un libro titulado *The Nature of Personal Reality. A Seth Book* (*Habla Seth: La naturaleza de la realidad personal*), de Jane Roberts. Esta obra explica cómo damos forma a nuestra propia experiencia de la realidad y afirma que tenemos el poder de crear nuestra realidad más conscientemente. Este era un concepto radical para mí y quise profundizar en él. Busqué más libros sobre este tema mientras desarrollaba mis propias ideas acerca de cómo aplicar este proceso en mi vida.

Gracias a este trabajo y a varias experiencias fortuitas descubrí la visualización creativa, una técnica sencilla pero potente que puede ayudarnos a crear nuestras vidas más a conciencia. Podemos traer sanación a nuestras vidas y manifestar nuestros sueños más atrevidos a través de ejercicios de visualización creativa, meditaciones y afirmaciones. También usé estas prácticas para incrementar mi nivel de conciencia en mis relaciones íntimas.

Estas exploraciones de mi propia psique me inspiraron a realizar mis propios talleres y a trabajar con personas individualmente. Descubrí que tenía el talento de compartir con los demás aquello que había estado utilizando en mi proceso.

Al cabo de un tiempo tuve la ocurrencia de escribir un folleto con esas ideas que pudiese ser útil a las personas que asistiesen a mis talleres. Fue la semilla de los libros *Visualización creativa* y, después, *Vivir en la luz*, que publiqué por mi cuenta. Poco a poco, en el transcurso de los años siguientes, estos libros primero poco visibles se convirtieron en *best sellers* internacionales. Nunca pretendí ser una autora o profesora de éxito; tan solo quería compartir las ideas y experiencias que me apasionaban. Jamás, en mis sueños más locos —o en mi visualización creativa— imaginé que mis escritos proliferarían hasta el punto en que lo han hecho. A medida que he seguido aprendiendo nuevas herramientas y técnicas las he ido incorporando al conjunto de mi trabajo. También he seguido escribiendo y he llegado a publicar doce libros.

A los treinta y tantos años de edad, mis libros se estaban vendiendo bien y me estaba convirtiendo en una autora conocida. Viajaba por todo el mundo hablando, enseñando y conduciendo seminarios. Me encantaba hacerlo. Me apasionaba lo que hacía, y trabajar con mis clientes y estudiantes era muy gratificante para mí. Desgraciadamente, el trabajo me absorbió demasiado. Había depositado una excesiva atención en él, de modo que empecé a sentir un gran desequilibrio.

Mi vida personal había quedado relegada por mi vida profesional. Estaba teniendo problemas en particular con mis relaciones sentimentales, y vi que había unos patrones de dificultad que cada vez se repetían más en ellas. Esto se convirtió en un proceso doloroso para mí, que anhelaba encontrar un auténtico compañero. No conseguía hallar la conexión íntima que estaba buscando, o el compañero para el que creía estar preparada.

Por supuesto, tan solo *creía* que estaba preparada. Había trabajado mucho sobre mí misma, lo cual había incluido muchos procesos emocionales. Había estudiado con distintos profesores, leído libros, participado en seminarios e ido a terapia. Pero los viejos patrones seguían regresando, y en cierto sentido me sentía atascada. Las herramientas que habían funcionado tan maravillosamente bien en las otras áreas de mi vida no parecían estar funcionando en el terreno de las relaciones. Parecía que otro nivel de mi proceso se estaba revelando; un nivel más profundo de consciencia estaba intentando emerger.

Hallándome en esta situación desafiante, empecé a visualizar una nueva guía y dirección. Así fue como conocí a una pareja de terapeutas y profesores, el doctor Hal Stone y su esposa, la doctora Sidra Stone. En su trabajo descubrieron que tenemos muchos «yoes», aspectos que están dentro de nosotros que actúan como personalidades por sí mismos, puesto que tienen sus propias ideas, opiniones, gustos y aversiones. Los Stone desarrollaron una técnica para dialogar con estos yoes de una manera tal que aporta consciencia al proceso que se desarrolla de continuo en nuestro interior. Su trabajo se denomina «Psicología de los yoes y del ego consciente», y llaman a la técnica de «diálogo» con los yoes «diálogo de voces». Rápidamente se convirtieron en mis profesores y mentores, y ahora son unos queridos amigos.

Cuando empecé a trabajar con el diálogo de voces, me hice mucho más consciente de todo lo que estaba teniendo lugar dentro de mí. Me fijé mucho más en lo que estaba sintiendo y descubrí distintas partes de mí misma que ni tan siquiera sabía que existían.

En cuanto al tema de la pareja, descubrí que solo estaba en contacto con aquellas partes de mí que querían una relación comprometida, y por eso no podía comprender por qué esta relación no se estaba manifestando. Tenía la certeza de que quería mantener una relación y creía que estaba lista para ello. Me seguía preguntando por qué todos los hombres por los que me sentía atraída ya estaban comprometidos o bien eran inadecuados —¡o vivían a miles de kilómetros de distancia!—. Seguía pensando que algo estaba mal en *ellos*. Pero resultó que había algunas partes de mí, de las que era inconsciente, que no estaban preparadas para un compañero, o que no querían tenerlo en absoluto.

Todo esto me parece muy evidente si lo miro desde mi perspectiva actual. Estaba viajando por el mundo enseñando que la vida exterior de uno refleja lo que está aconteciendo en su interior, y heme aquí que estaba anhelando la relación apropiada y esta no surgía. Por supuesto, esto tenía que ver con un proceso interior. Cuando realmente queremos algo y no se está manifestando, es porque una parte de nosotros mismos lo está bloqueando. En mi caso, algún conflicto interior estaba causando en mí una gran ambivalencia respecto a las relaciones y el compromiso.

Sabía que estaba luchando, pero no entendía cuál era la lucha. Adquirí una conciencia mucho mayor de lo que estaba sucediendo gracias al trabajo con mis yoes. Empecé a explorar y comprender las partes de mí que no querían una relación o bien la temían. Por ejemplo, siempre había sido una mujer fuerte e independiente. Me acercaba a los cuarenta, y una parte de mí no quería renunciar a la independencia o no deseaba tener que comprometerse con alguien. Otro aspecto de mí que descubrí fue mi yo cuidador. Temía, inconscientemente, que si mantenía una relación de mucho compromiso, acabaría cuidando del otro y no sabría cómo atender mis propias necesidades. Había vivido varias relaciones en las que me había encontrado en este papel, así que tenía buenos motivos para temer que esto volviese a suceder.

En un nivel más profundo, había una niña en mí que tenía miedo de abrirse y acercarse a alguien. Este aspecto, o «yo», temía sentirse herido y abandonado —especialmente a causa del dolor que experimenté de niña cuando mis padres se divorciaron—. Había otras partes de mí implicadas, pero las que he mencionado eran las que más prevalecían en mi proceso.

Ahora que he descubierto algunas de las distintas voces que hay en mí, puedo sentir claramente la ambivalencia de estos yoes en conflicto. Uno de los aspectos más maravillosos de la psicología de los yoes es que nos permite estar con nuestras ambivalencias, reconocerlas y realmente sostenerlas. La mayor parte de las veces, la mayoría de nosotros intentamos elegir un lado o el otro. Creemos que una parte de nosotros tiene razón y que hay una manera correcta de ser. Decidimos que queremos ser de una manera o de otra, ser «así o así», o bien tener ciertas partes de nosotros mismos, pero desprendernos de las demás. Este modo de pensar, en que todo es blanco o negro, no funciona, porque todas las partes de nosotros existen, y no podemos desear, sin más, que algunas no estén. Puedes enterrarlas y reprimirlas, pero antes o después reaparecen, a menudo a raíz de la decepción con una relación o de un problema de salud. La verdad es que *necesitamos* todas esas partes con el fin de experimentar el auténtico equilibrio en nuestras vidas. Necesitamos todos estos yoes, aunque puede ser que no lo sepamos. El diálogo de voces consiste en adquirir conciencia de todos los distintos yoes que tenemos dentro. Consiste en sacarlos todos a la luz y entrar en contacto con ellos. Cuando somos conscientes de las distintas fuerzas que operan dentro de nosotros, podemos trabajar con ellas de distintas maneras. Yo trabajé en reconocer y experimentar –a menudo lo denominamos «sostener»– mi propia ambivalencia en cuanto a las relaciones; llegué hasta las distintas partes de mí misma y sentí aquellas que realmente querían una pareja y también aquellas que en realidad no la querían. No necesité corregir esta ambivalencia o cambiarla; solo tuve que permanecer plenamente presente con ella.

En algunos sentidos, el descubrimiento de la psicología de los yoes y el diálogo de voces constituyó para mí un nuevo comienzo. Desde entonces he seguido estudiando, aprendiendo y creciendo por medio de trabajar con mis relaciones de esta manera. De momento dejo mi historia aquí, ¡pero tengo más historias que compartir contigo a lo largo del libro! A medida que avancemos por los próximos capítulos exploraremos cómo se forman y se refuerzan nuestros distintos yoes, o cómo pasan a convertirse en habitantes en la sombra.

Segunda parte

EL PODER DE NUESTROS YOES

La formación de la personalidad

D esarrollamos nuestras respectivas personalidades de maneras que son a la vez universales y totalmente únicas. Todos experimentamos el mismo proceso de desarrollo, mientras nuestras circunstancias y contextos individuales dan forma a nuestras particulares idiosincrasias.

Al nacer somos vulnerables, impresionables, y dependemos por completo de quienes nos rodean. Desarrollamos maneras de ver satisfechas nuestras necesidades cuando tenemos hambre, por ejemplo, o cuando nos sentimos incómodos, o cuando, sencillamente, necesitamos amor. Nuestras experiencias determinan nuestros comportamientos; descubrimos que una sonrisa nos puede aportar alegría y una interacción lúdica, o que al llorar obtenemos consuelo y una atención inmediata.

De esta manera nuestros padres, nuestros hermanos y aquellos que nos cuidan «nos modelan». Nuestras personalidades se van desarrollando a medida que exploramos las mejores maneras de ver atendidas nuestras necesidades. Aprendemos con qué comportamientos obtenemos amor y reconocimiento y con cuáles obtenemos cosas negativas, incluso castigos. Estos aspectos de nuestras personalidades evolucionan y toman forma mientras crecemos. Cuando llegamos a la edad adulta, hemos identificado las pautas que nos permiten desenvolvernos mejor en el mundo. Así pues, utilizamos con nuestras relaciones, familia y entorno laboral las mismas estrategias que desarrollamos en la infancia. Disponemos de maneras afinadas de mantenernos a salvo y crearnos una sensación de seguridad.

Una desventaja de desarrollarnos de este modo es que tendemos a sobrevalorar ciertos aspectos de nosotros mismos. Incluso podemos llegar a pensar que nuestra manera de estar en el mundo es la única válida. Y cuando nos identificamos demasiado con un aspecto o lado de nosotros mismos, creamos automáticamente uno opuesto, que a menudo es denominado nuestro *lado oscuro*.

Tenemos en estima un conjunto de comportamientos, o ciertas partes de nosotros mismos, mientras consideramos que las que no nos gustan son inaceptables, «malas» o incluso un lastre e intentamos desprendernos de ellas o negamos que existen. Además, elaboramos reglas sobre cómo deberíamos ser nosotros y los demás a partir de este sistema de valores. Como resultado, nos criticamos a nosotros mismos cuando expresamos o mostramos nuestras partes oscuras, o juzgamos a los demás cuando exhiben estos comportamientos.

Lo más probable es que hayamos mostrado algunos de nuestros aspectos sombríos en algún momento de nuestras vidas. Si recibimos una reacción negativa cuando manifestamos cierta parte de nosotros mismos, probablemente aprendimos a ocultarla o reprimirla. También aprendimos que mostrarla no nos aportaba seguridad o no nos permitía ver satisfechas nuestras necesidades. Por ejemplo, un aspecto que a menudo elegimos no expresar es aquello a lo que nos referimos como nuestra «vulnerabilidad», esa parte que tenemos dentro que se halla conectada con nuestra sensibilidad, necesidades y emociones. Si mostramos vulnerabilidad en el pasado, pudimos haber sido criticados o ignorados. Con el fin de sentirnos seguros o con el fin de sentir que controlamos la situación, puede ser que «ninguneemos» estos sentimientos y necesidades y actuemos como si no los tuviéramos.

Piensa en una niña sensible que muestra sus sentimientos sin más, desde la felicidad hasta la tristeza, desde el entusiasmo hasta la ansiedad. Si se le dice que es demasiado sensible, que no debería tomarse las cosas tan a pecho y que no tiene ninguna buena razón para estar triste o preocupada, aprenderá a ocultar o negar sus emociones. Le bastará con ver que al expresar sus sentimientos provoca preocupación o enojo en quienes la rodean para acostumbrarse a reprimirlos.

De este modo, la niña aprende que un enfoque más desapegado de la vida complace a los demás, y ve que esta manera de relacionarse es la correcta e ideal. Pasa a ver la sensibilidad y la emocionalidad como negativas en sí misma y en los demás. Se critica cuando expresa estas partes de sí misma y juzga a quienes las manifiestan. Sin embargo, nuestros aspectos inexpresados —la vulnerabilidad, la audacia, la creatividad, la sexualidad y otros— no desaparecen. Siguen existiendo «en la sombra», y, como la mayor parte de las cosas ocultadas, afloran de una manera o de otra, más pronto o más tarde.

Aún hay más: dejar de reconocer nuestros aspectos ocultos y de encontrar espacio para ellos limita la manera en que experimentamos la vida y participamos en ella. Nuestras relaciones se verán afectadas si pensamos que es incorrecto o una muestra de debilidad expresar nuestros sentimientos. Si valoramos el intelecto pero no la creatividad o el arte, podemos elegir una carrera que nos satisfaga cada vez menos. Nuestro bienestar depende de que estemos completos y tengamos acceso a todo lo que somos.

Todas las partes de nosotros mismos —aquellas que desarrollamos conscientemente y las que están en la sombra— son nuestros «yoes». Utilizamos la palabra *yoes* para describir aspectos de nuestra personalidad; en la psicología junguiana, los yoes son denominados *subpersonalidades*. Cada uno de estos yoes tiene su propia perspectiva de las cosas, sus propias ideas e incluso sus propias maneras de recordar hechos específicos.

Es importante remarcar que no estamos hablando de ninguna manera del trastorno de personalidad múltiple, el cual es un trastorno disociativo que requiere tratamiento psiquiátrico. Estamos sencillamente exponiendo a la luz un simple proceso que está aconteciendo dentro de todos nosotros todo el tiempo. Es algo tan sencillo como advertir dos partes de nosotros cuando salimos a comer: la parte que quiere comer sano y la que quiere pedir la carta de los postres. Es el conflicto que sentimos cuando tomamos decisiones, tanto si atañen a los grandes cambios de nuestra vida como a sencillas cuestiones diarias. Este trabajo está inspirado en la labor de Jung con la sombra y su descubrimiento del subconsciente.

Como mencioné anteriormente, fui introducida en estos aspectos por los doctores Hal y Sidra Stone. La idea básica de su trabajo, que ellos llaman la psicología de los yoes, es que tenemos dentro de nosotros, en potencia, todas las energías y aspectos de la personalidad que existen, y que cada uno de nosotros desarrolla los aspectos que le funcionan mejor cara a conseguir satisfacer nuestras necesidades, y minimizamos o ignoramos aquellos que no lo hacen.

Creo que nuestro trabajo en esta vida es adquirir conciencia de *todas* las partes de nosotros mismos. Cada parte tiene un propósito, una información que darnos, y es necesaria para que podamos conseguir el equilibrio y la plenitud que estamos buscando. Y, por último, llegar a abrazar todos nuestros yoes es también el camino hacia disfrutar de un mayor equilibrio en nuestras relaciones.

Empecemos por ver cuáles son nuestros principales yoes.

El descubrimiento de nuestros yoes principales

Nuestros yoes principales constituyen las maneras fundamentales en que interaccionamos con el mundo, y son la forma en que la mayoría de las personas nos perciben, el modo en que nos describirían. Normalmente amamos estas partes de nosotros mismos y nos sentimos orgullosos de estos aspectos. Nos identificamos estrechamente con nuestros yoes principales y creemos que son lo que nosotros somos. Mientras no seamos conscientes de la psicología de los yoes y aprendamos a dar voz a los otros muchos que tenemos dentro, nuestros yoes principales conducirán nuestras vidas.

Dentro de nosotros, ciertos yoes que pueden trabajar juntos por tener cualidades y perspectivas similares, así como maneras complementarias de ser, forman grupos. Tienen un propósito común: hacer que nos comportemos de una determinada manera que nos mantendrá a salvo y asegurará que nuestras necesidades se vean satisfechas. También trabajan juntos para reforzar aquello que creen que es correcto.

Trabajan en nuestro nombre y facilitan que consigamos cosas en la vida, que llevemos adelante nuestras carreras, que encontremos la pareja apropiada y que levantemos nuestras familias.

Por ejemplo, podríamos desarrollar una personalidad, un grupo de yoes, que refleje a uno de nuestros padres. Si se trata de nuestra madre, adoptamos las maneras en que ella interacciona con el mundo y nos forjamos la creencia de que son ciertas y correctas. La imitamos en muchos aspectos, si bien imprimimos nuestro propio carácter a nuestras acciones.

O acaso ocurre lo contrario: constituimos un grupo de yoes que están en contraposición directa con uno de nuestros progenitores, o con ambos. Tal vez pensemos que la manera en que nuestra madre nos crió fue imperfecta o bien que fue una madre ausente, así que decidimos no ser nunca como ella, o al menos no ejercer la maternidad (o la paternidad) de la misma forma en que ella lo hizo. Quizá hayamos decidido que la manera en que ella vivió su vida era equivocada, de modo que nos comportamos justo al revés, con la esperanza de evitar los desafíos o consecuencias que ella pudo haber afrontado. Esto es especialmente frecuente cuando ha habido enfermedades mentales, abusos, alcoholismo o adicción a las drogas en la familia.

Tanto si adoptamos como si rechazamos los yoes principales de nuestros padres, todos desarrollamos las mejores maneras de mantenernos a salvo y satisfacer nuestras necesidades básicas. Como todos los niños, yo también incorporé los valores y maneras de hacer las cosas que había a mi alrededor cuando estaba creciendo. Mi personalidad principal se desarrolló a partir de lo que vi y experimenté en mi entorno. Yo fui educada en el seno de una familia intelectual, en que el pensamiento analítico, racional y pragmático era altamente valorado. Gracias a esto desarrollé mi capacidad mental e intelectual; ser racional y elocuente se convirtió en una gran parte de mi personalidad. Recibí reconocimiento y recompensas por ello, lo que aún reforzó más estas actitudes en mí.

Otro yo que se desarrolló en mí fue el extremadamente responsable. Probablemente era fruto de mi reacción al divorcio de mis padres cuando era muy pequeña. Mi madre no volvió a tener pareja y me crió por su cuenta, y gracias a mi sentido de la responsabilidad pude hacer que su vida fuese más feliz y ayudarla de la manera que necesitara. A la vez que era responsable, me volví muy independiente. En el ámbito laboral, mi madre estaba cargada de trabajo, y además necesitaba hacer o gestionar muchas otras cosas. Por medio de ser responsable e independiente traté de compartir su carga y aligerar cualquier estrés o preocupación adicional que pudiera experimentar.

Además de estos yoes más poderosos, también presentaba algunos aspectos vulnerables. Me volví una niña muy sensible. Era muy consciente de lo que mis padres o las personas de mi entorno estaban sintiendo o experimentando. Desarrollé un fuerte yo cuidador con el fin de ayudar a mi madre y apoyarla. Era sensible al dolor de los demás e intuía qué necesitaban o qué estaban sintiendo. En realidad, esta manera de ser era una de las principales en las que me manejaba por la vida: cuidar de los demás, complacer a los demás y hacer que los demás fueran felices. Siempre me he centrado en las necesidades de las otras personas.

Desarrollé estos comportamientos en respuesta al entorno de mi infancia y adopté rasgos que fueron modelados para mí por mi madre. Ella era sumamente brillante y capaz de hacer muchas cosas (iy todavía lo es!). Para mí era importante ser también muy competente, gestionar muchos temas y tener éxito con cualquier cosa que decidiese emprender. Ser racional, responsable e independiente me ayudó a lograrlo.

Durante mis años de formación, mi madre fue una persona muy potente en muchos sentidos. Era aventurada y audaz. Fue administradora municipal en una época en que pocas mujeres conseguían ese tipo de trabajos. Viajó por el mundo y conoció el yoga y la meditación hace ya muchas décadas.

Yo la admiraba y desarrollé también estas cualidades. De hecho, me sentía cómoda contando con cierta cantidad de poder. También valoraba asumir riesgos, los viajes aventurados y aprender sobre otras culturas. Con veintitantos años hice un viaje por el mundo con una amiga, con solo unos pocos centenares de dólares en el bolsillo.

Estos son tan solo algunos de mis yoes principales, los cuales trabajan en colaboración con otros yoes, como mi yo perfeccionista, que se asegura de que estoy haciendo todo lo mejor posible; mi yo crítico interior, que me comunica cuándo no estoy dando la talla, o mi yo impulsor, que se asegura de que siga adelante y haga todo lo que tengo en mi lista de tareas pendientes.

Estos yoes son habituales en muchos de nosotros y a menudo son los que tienen el mayor poder sobre nuestras personalidades, sobre la manera como nos relacionamos con los demás y en nuestra vida cotidiana. Se manifiestan u operan de formas distintas según el individuo, pero sus roles son esencialmente similares.

Mis yoes principales se han ido desarrollado sustancialmente y son las partes con las que me he identificado durante mucho tiempo. Representan quién he sido yo, y he de decir a su favor que me han llevado lejos en la vida. Me han ayudado a tener éxito, a escribir libros, a enseñar y a tener un impacto positivo en la vida de muchas personas. Estos yoes principales han sido positivos para mí de muchas maneras diferentes y me han servido bien.

Ejercicio

IDENTIFICA TUS YOES PRINCIPALES

Este ejercicio sencillo y a la vez potente te puede ayudar a identificar tus yoes principales. Hacerlo requiere tan solo unos pocos minutos.

Tómate unos momentos para cerrar los ojos y pensar en ti mismo. ¿Qué clase de persona eres? ¿Cuáles son algunos de los principales rasgos de tu personalidad? Si alguien te conociera, ¿cómo te describiría?

Ahora toma una hoja de papel y escribe arriba: «Soy...». Debajo, en columna, a la izquierda, haz una lista que incluya entre diez y doce características tuyas, cada una expresada con una sola palabra, que te acudan de modo fácil y rápido a la mente. Esta lista debe consistir en los aspectos, características y rasgos que te describen de una manera general. Piensa en alguien que te conozca por encima; ¿cómo te describiría? (Esta lista puede no reflejar cómo las personas que te conocen bien podrían describirte. En nuestras relaciones con los amigos íntimos o con la familia tendemos a revelar más cosas acerca de nosotros mismos y nos comportamos de maneras distintas). Es mejor que anotes lo que te venga a la mente sin pensar demasiado en ello. Si se te ocurren menos de doce características, también está bien.

He aquí, por ejemplo, cómo Gina, mi compañera en la dirección de los talleres, completó el ejercicio. En primer lugar, escribió una instantánea de su vida. Apunta tú también algo semejante en relación con tu vida.

Soy una madre soltera con tres hijos. Trabajo a tiempo completo y llevo a cabo voluntariado con asiduidad. Cumplo activamente con mis compromisos familiares y eventos comunitarios.
Soy...

- Fuerte
- Independiente
- Extrovertida
- Maternal
- Responsable
- Amorosa
- Inteligente
- Franca
- Solícita
- Generosa

Repasa tu lista. ¿Qué piensas? ¿Qué observaciones tienes que hacer con respecto a la lista? ¿Has escrito en ella algo que te resulte nuevo o sorprendente? Esta es probablemente una lista de tus principales yoes, en especial si te sientes orgulloso cuando la repasas.

Aunque tu lista puede estar llena de atributos positivos, también es habitual que contenga características negativas. ¡No todos nuestros yoes principales son positivos! Una vez que hemos descubierto nuestros principales yoes, el siguiente paso es dirigir la mirada a los otros, aquellos que hemos ignorado, olvidado o incluso escondido en algún lugar profundo de nuestro interior: nuestros yoes en la sombra.

Aprender de nuestros lados oscuros

Como hemos visto, nuestros yoes principales son energías fuertes que nos acompañan a lo largo de la vida. Son modelados por la educación que recibimos y evolucionan con el tiempo a medida que se ven influidos por nuestras experiencias vitales. Nos guían y son la fuerza conductora que dirige la creación de nuestras vidas. Hacen esto incluso si no los hemos reconocido.

Nuestros yoes principales dominan probablemente nuestros pensamientos y acciones el noventa por ciento del tiempo o más. A pesar de ello, no son más que una *parte* de quienes somos. Aunque estos yoes hayan tenido éxito a la hora de asegurar que nuestras primeras necesidades se viesen cubiertas, aunque nos sintamos muy cómodos con ellos y nos parezcan muy familiares, puede ser que no tengan las mejores respuestas acerca de cómo vivir nuestras vidas al día de hoy.

A la vez que desarrollamos ciertos aspectos de nosotros mismos y nos sentimos cómodos con ellos, negamos y rechazamos otros con los que no nos sentimos cómodos. En cierto sentido nos hallamos desequilibrados, al tener pleno acceso a ciertas maneras de estar en el mundo y poco o ninguno a otras maneras. Esto limita, o incluso impide, nuestra capacidad de encontrar satisfacción, plenitud y equilibrio en nuestras vidas.

Con el tiempo, podemos comenzar a sentirnos atascados o faltos de algo. Podríamos describir nuestra vida o a nosotros mismos como carentes de equilibrio. Podemos desarrollar el deseo de rechazar aspectos de nuestras vidas, rutinas o compromisos. También podemos experimentar un fuerte anhelo de crear algo que sea radicalmente distinto, opuesto a la vida que hemos estado viviendo. A veces esto es conocido como «crisis de la mediana edad», si bien puede tener lugar en cualquier momento y lugar.

Si estamos casados o si mantenemos una relación de compromiso (si bien esto puede ocurrir en el seno de cualquier relación), podemos sentirnos frustrados, atrapados o aburridos, o podemos sentir a nuestra pareja más como una hermana que como una amante. En el caso de otras relaciones, tal vez nos sintamos distantes y alienados, rebeldes o con ganas de discutir por todo. Podemos encontrarnos habitualmente en conflicto con determinados tipos de personas, o codiciar lo que otros tienen o envidiar cómo viven sus vidas.

Cuando empezamos el proceso de explorar los distintos yoes que tenemos dentro, descubrimos que estamos desproporcionadamente identificados con ciertos aspectos de nosotros mismos, lo que significa que en última instancia negamos y rechazamos otras partes, como mencionamos antes. El hecho de que repudiemos a ciertas personas indica en realidad un intento de distanciarnos de las partes que estamos rechazando en nuestro interior. En realidad, no son las otras personas o lo que nos ocurre lo que provoca nuestras reacciones, sino que las características que estamos rechazando dentro de nosotros se están viendo reflejadas en las situaciones y relaciones con las que estamos experimentando dificultades.

Este es el siguiente aspecto central de la psicología de los yoes: descubrir los yoes que hemos negado y aprender de los aspectos que mantenemos en la sombra, esas partes que tenemos dentro de las que nos hemos desconectado, que hemos rechazado o que hemos negado. Sin embargo, existen, y en realidad tienen la llave de acceso al equilibrio y la plenitud que estamos buscando. De hecho, son los ingredientes exactos que necesitamos en nuestra lucha por salir de la sensación de «atasco» y del desequilibrio que estamos experimentando. La clave que nos estamos perdiendo, la «medicina» específica para curar la única enfermedad que padecemos, está ya en nuestro interior. Nuestro trabajo es destapar e integrar estas partes ocultas. Esto da inicio al emocionante y gratificante viaje del autodescubrimiento, un viaje para toda la vida.

Recuerdo vívidamente cuando empecé a sentirme desequilibrada. Me sentía inquieta y de alguna manera incómoda. Algunas áreas de mi vida las percibía bien desarrolladas, de modo que experimentaba el éxito y la abundancia en ellas, mientras que otras eran caóticas, y estaba desconcertada en relación a por qué no estaban yendo bien. Tras aprender sobre mis distintos yoes, comprendí que mis yoes principales habían tomado el control de mi vida hasta el punto de que no había sitio en absoluto para las otras partes de mí. Tenía que hacerme consciente de estos yoes y aprender a reconocerlos y aceptarlos. A tenor de lo que he dicho sobre mis yoes principales, ¿puedes adivinar cuáles eran algunos de los yoes que rechazaba?

Ser despreocupada, juguetona y espontánea eran aspectos de un yo infantil del que había renegado definitivamente. Estas energías son las contrarias a muchas de las de mis yoes principales, especialmente el yo intelectual, el racional y el pragmático. Estaba tan completamente identificada con todos los aspectos del «hacer» y del «saber» que no tenía ningún yo principal que guardara relación con actividades ajenas a la mente, incluidas la relajación o el descanso.

También me tomaba muy en serio mi función de «salvar el mundo». Mi sentido de la responsabilidad y del cuidado de los demás se extendía a querer trabajar por este objetivo, como en el caso de muchas personas de mi generación. Esto significaba que las actividades que consideraba frívolas tenían poco espacio en mi vida. ¿Cómo podía jugar o divertirme cuando el medio ambiente estaba en peligro, el Gobierno era un caos y tantas personas sufrían en el mundo? Uno de los resultados de esta manera de pensar era que repudié mi creatividad. Si una actividad tenía un valor o un propósito concreto, la emprendía; si no, no la asumía. Al día de hoy, estoy muy implicada con la música y el canto, y lo paso bien practicando mi italiano. Estas actividades acaso no van a «salvar el mundo», pero puesto que me renuevan, pienso que también vigorizan mis esfuerzos en relación con el mundo. Estas aficiones son exactamente lo que necesitaba para gozar de una experiencia de vida más rica.

Muchos yoes que tenían relación con el recibir también los tenía desterrados. A causa de mi yo responsable y de mi yo independiente, me ocupaba de muchas cosas a la vez y lograba hacerlo todo. Me costaba pedir ayuda o permitir a los demás que hicieran algo por mí. Asimismo, me hallaba tan identificada con mi yo solícito que estaba totalmente desconectada de la satisfacción de mis propias necesidades. Centraba la mayor parte de mi atención en los demás y en lo que necesitaban y a menudo sentía que no me estaba ocupando de mí misma. Ahora soy mucho más capaz de equilibrar esto en mi vida.

El siguiente ejercicio te ayudará a destapar los yoes más importantes que has negado.

Ejercicio

IDENTIFICA LOS YOES QUE HAS NEGADO

Regresa a la lista que has hecho en el ejercicio de identificar tus yoes principales y pon, en el lado derecho de la página, el siguiente encabezado de columna: «Lo contrario...». A continuación escribe una descripción de una sola palabra que indique el rasgo opuesto al que anotaste en la izquierda. Hazlo rápidamente, sin pensarlo demasiado. Sencillamente, lee la palabra de la izquierda y escribe lo que acude a tu mente a la derecha.

Como ejemplo, aquí está la lista original de Gina junto con su lista de opuestos:

41

SOY...	LO CONTRARIO...
Fuerte	Débil
Independiente	Necesitada
Extrovertida	Retraída
Maternal	Necesitada / infantil
Responsable	Irresponsable
Amorosa	Antipática
Inteligente	Estúpida
Franca	Deshonesta
Solícita	Fría
Generosa	Tacaña

Una vez que hayas completado la columna de la derecha, tómate un momento para repasar tu lista. ¿Qué observaciones tienes que hacer sobre los rasgos que has escrito? ¿A qué conclusiones podrías llegar sobre ti mismo a partir de esta lista? ¿Adviertes algunos términos dignos de juicio o crítica en la columna de la derecha? ¿Hay alguna palabra que se repita más de una vez?

Esta lista nos ofrece una visión de lo que podemos haber negado en nosotros. Representa lo que podríamos estar rechazando en nuestras vidas, nuestros aspectos en la sombra. Es habitual reconocer, en la columna de la derecha, rasgos que no te gustan en otras personas. Incluso puedes darte cuenta de que tu lista describe a alguien en concreto que forma parte de tu vida; si esto es así, esta persona puede estar reflejando algunos de tus yoes ocultos. Por ejemplo, tal vez tienes un amigo cuyas «necesidades» te solivicntan de mala manera, o un compañero de trabajo que es «irresponsable», o estás intentando salvar la relación con una pareja que no es «nada comunicativa».

Si has pensado en alguna persona que encarna una o más de las descripciones que has puesto en la columna de la derecha, reflexiona sobre ella. Puede ser alguien a quien quieras mucho a pesar de estas características. O puede tratarse de alguien por quien sientes una gran aversión. Piensa en aquello que te desagrada de la persona. ¿Qué botones pulsa en ti la irresponsabilidad de tu compañero o la necesidad de tu amigo? ¿De qué crees que se trata? ¿Cómo llegaste a sentirte desilusionado por la irresponsabilidad y la necesidad y, a la inversa, a valorar la responsabilidad y la autosuficiencia?

Cuanto más crítico te muestres con el rasgo reflejado en la columna de la derecha, más habrás negado este aspecto dentro de ti. Así pues, la persona a quien estás juzgando está reflejando algo que falta en tu vida, o a lo que estás tratando de quitar importancia.

Puede ser difícil hacer esto, pero tómate un momento para considerar qué tal sería tener estos rasgos «negativos» tú mismo. ¿De qué manera cambiaría tu vida? ¿Cómo te sentirías? ¿Tienes alguna sensación de libertad o alivio cuando piensas en la posibilidad de ser, a veces, una persona necesitada o irresponsable?

ELIGE IDENTIFICAR LOS ASPECTOS POSITIVOS
DE LOS YOES QUE HAS NEGADO

Al repasar las características de tu lista de la derecha, acaso no veas ningún motivo por el que pudieses querer tener esos rasgos de carácter. Tal vez te estés preguntando: «¿A santo de qué querría ser yo una persona irresponsable o necesitada?». En este trabajo, resulta vital que nos centremos en la esencia o cualidad esencial de la característica, no en el comportamiento de la otra persona. Si nos enfocamos en la expresión de ese rasgo en la otra persona, perdemos la oportunidad de aprender de la experiencia. La verdad es que necesitamos tener acceso a todas las partes de nosotros mismos para experimentar auténtica plenitud y equilibrio. Las maneras en que traemos estas partes de nosotros mismos a nuestras vidas serán distintas (especialmente en relación con la persona a la que estamos juzgando), pero necesitamos ser capaces de aprovechar todas las energías que están a nuestra disposición y, al hacerlo, encontrar el equilibrio que sea correcto para nosotros.

Por ejemplo, quizá no quieras que conste el epíteto «irresponsable» en tu lápida, pero tal vez no tienes que ser siempre la persona más responsable de la sala, de la relación, de tu departamento, etcétera. La necesidad puede perturbarte porque te hace sentir débil o infantil, pero ¿acaso no hay ocasiones en que necesitas apoyarte en la fuerza de otros o experimentar la simpatía o el consuelo de los demás? Contempla durante un tiempo las características de la columna de la derecha con esto en mente y observa qué se te revela.

Me gusta utilizar el siguiente ejemplo simpático como otra manera de describir la experiencia de dar un paso atrás en relación con nuestros yoes principales y reconocer los yoes que hemos negado: imagina que metes la cabeza en un cuenco de frutas. Solamente puedes ver una naranja y un plátano justo delante de tus ojos. Esto es todo lo que puedes ver, todo lo que conoces y las únicas opciones entre las que puedes elegir. Cuando te echas hacia atrás y sacas la cabeza del cuenco, ves que hay muchas frutas en él, incluidas uvas, manzanas, kiwis y mangos. Compruebas que hay una gran variedad de frutas y que tienes muchas opciones. De la misma manera, cuando damos un paso atrás en nuestras vidas, podemos ver que hay otras partes de nosotros mismos que no habíamos visto antes; hay muchas maneras de pensar y comportarse que no conocíamos. Y nos damos cuenta de que todas ellas contribuyen a que tengamos una experiencia de vida rica, dulce y colorida.

Regresemos a nuestras listas por un momento. He aquí las reflexiones que hizo Gina sobre sus distintos yoes y las comprensiones que tuvo:

En el lado izquierdo de la lista me describí como «fuerte» y después escribí «débil» como su contrario a la derecha. Una vez que comprendí que el aspecto opuesto que había identificado —o su energía subyacente— era mi llave hacia la libertad, tuve que preguntarme qué podría encontrar de bueno en el hecho de ser débil. Para mí, no era posible que pudiera venir nada bueno del hecho de ser débil. Cuando eres débil, la gente te pisa, se aprovecha de ti, incluso tal vez abusa de ti. Después de trabajar con este proceso, descubrí que al ser siempre fuerte nunca me permitía albergar sentimientos. Siempre tenía que ser fuerte en aras de quienes tenía alrededor, y era incapaz de experimentar cualquier pesar en la vida o de mostrar aflicción. Esto era así desde que era una niña. Ni tan siquiera lloré la muerte de mi padre cuando tenía nueve años, porque creía que debía ser fuerte para el resto de mi familia.

A otro nivel, tampoco me permitía nunca descansar o tomarme un día libre. Cargaba con todas las tragedias familiares con paciencia y optimismo, incluso si no era eso lo que estaba sintiendo. Esta manera de ser se volvió extremadamente abrumadora. Al «aceptar» más la energía «débil» pude permitir que los demás me ayudaran cuando lo necesitaba. En el momento en que dejé de negar mi auténtica «debilidad» pude pedir ayuda, incluso apoyarme en los demás. Fui capaz de descansar cuando lo necesitaba, ¡e incluso permitirme leer un libro durante un par de horas! Descubrí que no tenía que lidiar con cada adversidad que se presentaba. Y me di cuenta de que no había ningún libro de instrucciones sobre cómo pasar por entre las dificultades de la vida con elegancia; así pues, ¡podía cometer errores! Por fin fui capaz de quitarme la capa de superhéroe.

Otra pareja de yoes opuestos que tenía en mi lista era «independiente» y «necesitada». Además, también tenía «necesitada/infantil» como opuestos a otro yo principal, el «maternal». Tener el mismo rasgo anotado más de una vez a menudo apunta a un yo que ha sido muy negado. ¿Qué es lo que hizo que fuera tan sensible a este rasgo?

Cuando pensaba en mi faceta independiente y en mi vertiente de madre, me sentía muy gratificada, orgullosa y honrada. Me sentía poderosa e incluso, en algún nivel, invencible. Me imaginaba a mí misma como una de esas mujeres talladas en la parte delantera de los barcos vikingos, fuerte y valiente, que llevaba a su tripulación a través de los mares turbulentos y tormentosos.

Una vez que empecé este trabajo, sin embargo, fui capaz de ver que en realidad me había estado sintiendo atascada durante bastante tiempo. Me di cuenta de que pensaba que tenía que tener respuestas para cada situación que surgiera. Creía que debía responder ante cualquiera que lo necesitase y ocuparme de esa persona. A menudo llegaba a la conclusión de que los demás eran incapaces de cuidar de sí mismos de la manera apropiada, y encontraba que su necesidad era embarazosa. Esta manera de vivir acabó siendo agotadora para mí. Una vez que pude acceder un poco a la energía de estar «necesitada», reconocí que no tenía que hacerlo todo yo misma.

Finalmente, comprobé que lo que había considerado como estar necesitada no era en realidad ningún tipo de necesidad. Era tan solo el deseo de ver cubiertas mis necesidades básicas. Así fui capaz de cuidarme, valorarme y amarme a mí misma, y también aprendí a pedir ayuda cuando la necesitaba. Fui capaz de conseguir tiempo para mí e invertirlo en actividades que me gustaban y encontraba gratificantes. Pude ver que eso no era un lastre o algo que debía erradicar de mí, sino que, de hecho, me aportaba una mayor libertad. Otro opuesto era «irresponsable». ¿Quién querría ser irresponsable? Reflexioné sobre mi vida y me di cuenta de que en cada fiesta compraba la comida, y las bebidas, y el postre. Era uno de los padres-madres o entrenadores de todos los equipos deportivos en que estaban mis hijos, y también me comprometía con otras tareas de voluntariado. Empecé a ver el desequilibrio implícito en esta manera de ser y cómo me conducía a estresarme y agotarme. Me di cuenta de que si asumía menos compromisos tendría más tiempo para mí y también para pasar con mi familia.

Llegué a la conclusión de que no estaba siendo irresponsable o pasiva al no asumir más responsabilidades. Me di cuenta de que podía participar en el espectáculo sin necesidad de dirigirlo, y de que si me retiraba un poco dejaba espacio para que los demás participaran y se implicaran. ¡No tenía por qué hacer yo que todo funcionara! Ahora puedo llevar a cabo elecciones conscientes en cuanto a lo que asumo y no siento que tenga que hacer algo que no haría.

Los yoes que hemos negado poseen la llave hacia un mayor equilibrio y gozo en nuestras vidas. Puede parecer que no tienen nada de positivo, pero contienen la esencia o cualidad perfecta que nos falta para avanzar hacia la plenitud. Hemos estado manejándonos con un limitado conjunto de lentes y a menudo tenemos una visión muy estrecha de la vida. Pero cuando nos abrimos a los yoes que hemos estado rechazando, vemos una misma situación desde puntos de vista muy variados. Descubrimos cualidades distintas en otras personas y en nosotros mismos. Reconocemos posibilidades que no podíamos ver antes y encontramos soluciones que nunca habríamos considerado.

Hay muchos yoes principales y ocultos posibles. Lo que sea que experimentes es verdad para ti. Gina y yo hemos compartido tan solo unos pocos ejemplos extraídos de nuestra experiencia; pero cada persona puede tener experiencias totalmente distintas con diferentes yoes. En el capítulo «La

APRENDER DE NUESTROS LADOS OSCUROS

exploración de los yoes habituales» (página 77), compartimos descripciones detalladas de yoes principales habituales para ayudarte a identificar más de ellos en ti.

A continuación, en la tercera parte, veremos qué comprensiones tan sorprendentes podemos obtener a partir de nuestras relaciones, independientemente del hecho de que sintamos o no la relación como positiva.

Tercera parte

LAS RELACIONES COMO MAESTRAS

Las relaciones como espejos

Identificar los yoes que hemos negado es una de las maneras en que podemos usar nuestras relaciones como espejos. Cuando entramos en este proceso, tenemos la oportunidad de ver en nosotros lo que no habríamos sido capaces de ver de otro modo.

Una vez que aprendemos cómo servirnos de estos reflejos, nuestras relaciones pueden convertirse en uno de los mejores medios de que disponemos para volvernos conscientes. Vemos el gran valor que tienen todas nuestras relaciones y qué regalos tan asombrosos guardan para nosotros. Todas y cada una de las relaciones que mantenemos en nuestras vidas —con nuestros amigos, compañeros de trabajo, vecinos, niños y otros miembros de la familia, así como nuestras parejas— pueden reflejarnos cosas. Incluso un encuentro con un extraño puede ser, a veces, una importante experiencia de aprendizaje. Es muy difícil mirar dentro y ver qué está aconteciendo ahí, y más difícil aún ver aquello de lo que no somos conscientes. Es por eso por lo que es importante considerar nuestras relaciones como espejos de nuestros procesos internos. Usadas de esta manera, se convierten en una de las fuentes más valiosas de sanación y aprendizaje de nuestras vidas.

Distintas relaciones ofrecen distintas oportunidades de llevar a cabo este trabajo. He encontrado que los siguientes ejercicios son muy útiles; uno nos ayuda a enfocarnos en los reflejos positivos que nos proporcionan las personas que admiramos, y el otro se centra en nuestros juicios y reflejos negativos.

LOS REFLEJOS POSITIVOS

Algunas de nuestras relaciones se reflejan en nosotros de una manera «positiva». Esto significa que reflejan partes de nosotros mismos que nos son familiares y con las que nos sentimos a gusto. Piensa en alguna persona o personas a quienes admires. Reflexiona sobre cómo te inspiran, cómo te gustaría ser como esas personas en cierto sentido o cómo te sientes cuando estás con ellas. ¿Qué admiras de lo que hacen? ¿Qué cualidades te atraen exactamente de ellas? Tómate un momento para pensar en dichas cualidades y después escríbelas. Intenta usar una o dos palabras, o frases cortas, para describirlas.

Repasa tu lista de las cualidades que admiras. ¿Cómo te puedes ver respecto a ellas? ¿Adviertes maneras en que puedes asemejarte a las personas a las qué admiras? ¿O se trata de cualidades que desearías tener o piensas que deberías tener?

Generalmente, este ejercicio revela muchos reflejos positivos. Cuando identificamos lo que admiramos en los demás, a menudo se trata de aspectos que nos gustan y queremos que estén más presentes en nosotros. De hecho, cuando reconocemos una cualidad positiva en otra persona, a menudo es porque nosotros también la tenemos. Una de nuestras frases favoritas es: «Si puedes verlo, ¡lo tienes!». Ahora bien, puede ser que tengamos dificultades para acceder a dicha cualidad o manifestarla. Una vez que la identificamos y entramos en contacto con ella, podemos practicar traerla a nuestras vidas con la intención. También podemos usar nuestro espacio de meditación para practicar el acceso a ella; nos podemos visualizar abrazando y expresando totalmente este aspecto de nosotros mismos.

Por otra parte, puede ser que no reconozcamos en nosotros la presencia de una o más de las características de la lista. Tal vez nos veamos desprovistos de esas cualidades, o incluso advirtamos que somos totalmente distintos de esa persona. No se trata de una crítica negativa; es sencillamente que reconocemos que no vemos en nosotros una cualidad que admiramos. Sin embargo, si nos fijamos en la cualidad que hemos identificado en la otra persona y nos centramos en la esencia subyacente de dicha cualidad, lo más probable será que podamos ver cómo, de hecho, nosotros también llevamos esa energía. Aunque podamos expresarla de forma diferente, a nuestra manera, seguramente se encuentra en algún lugar de nuestro interior y tenemos acceso a ella.

También podemos aprender de los casos en que admiramos una cualidad o a una persona en demasía. Cuando hacemos esto, normalmente nos estamos comparando con la persona y viendo que no damos la talla. Esta manera de pensar revela, generalmente, nuestra autocrítica. Reconocer esto puede arrojar luz sobre una creencia limitante que hemos creado y seguimos manteniendo: que no podemos tener esa cualidad o ser de esa manera.

Por ejemplo, observemos el caso de dos amigas. Isla admira a su amiga Kelley. La considera extrovertida, divertida e inteligente, y ve que es una persona muy querida por los demás. «¡Se lleva bien con todo el mundo!», se dice Isla. Con este sencillo ejercicio, Isla identifica las cualidades que busca en una amistad.

Pero aunque admira a Kelley, también se compara con ella de una manera que la hace sentirse menos. Isla siente que no gusta a la gente de la misma manera en que les gusta Kelley. Piensa que no se lleva tan bien con la gente como su amiga. De esta manera, admirar a Kelley se ha convertido para Isla en una manera de criticar lo que está «mal» en sí misma.

Es interesante observar que por medio de examinar los «reflejos positivos» que se producen en las relaciones podemos sacar a la luz patrones negativos de pensamiento o un diálogo interno negativo. Puede ser que nos estemos hablando a nosotros mismos de una manera crítica y que ni siquiera seamos conscientes de ello. Nos estamos limitando y ni siquiera lo sabemos.

Por medio de este ejercicio, Isla se dio cuenta de que dudaba de sí misma. Y aprendió a ver esto como la voz de su crítico interior. Se hizo más consciente de lo que este crítico le estaba contando y pudo ver cómo este tipo de crítica la estaba perjudicando.

De ese modo, empezó a trabajar con su voz crítica y a escuchar lo que esta tenía que decir. Cuando comprendió de dónde venía esta voz y qué era lo que le preocupaba, este «yo» pasó a apoyarla. El miedo del yo crítico era que si Isla se exponía, podía ser rechazada. Esto ya le había pasado; de hecho, era una dinámica dolorosa que estaba experimentando desde su infancia. Isla vio que su voz crítica estaba, de hecho, intentando protegerla. También comprobó cómo podía tener mayor confianza en sí misma y dar menos importancia a los miedos de su crítico interior respecto a lo que los otros pensaban. Pudo velar por sí misma de otras maneras y confiar en que era seguro para ella ser más sociable; pudo hacer que las cualidades que admiraba en Kelley asomaran más a su propia superficie. Esto resultó emocionante y liberador para ella.

LOS REFLEJOS NEGATIVOS: LOS JUICIOS

Cuando podemos mirarnos honestamente a nosotros mismos y a nuestras relaciones, nos abrimos a las lecciones y comprensiones que nos ofrecen. Las relaciones nos revelan aquellos aspectos sobre los que podríamos trabajar. Las personas con las que nos relacionamos, incluso cuando las interacciones son breves, nos reflejan nuestras creencias, opiniones, juicios, gustos y aversiones. A la vez, nosotros reflejamos a los demás las ideas, creencias y preferencias que tienen de sí mismos.

Para llevar a cabo el siguiente ejercicio, piensa en alguien que no te guste. Puede tratarse de una persona, un tipo de persona, un grupo de gente o una lista de cualidades que realmente te irriten.

Al realizar este ejercicio en uno de nuestros talleres, la mayoría de los participantes eligieron casualmente a un político en concreto como ejemplo. Estaban realmente «quemados» con ese político; lo describieron como egoísta, imprudente, descuidado, estúpido, mentiroso, sediento de poder y despreocupado en relación con las personas que estaban sufriendo o en situación de necesidad. Aunque realizamos este ejercicio principalmente con aquellos con quienes nos relacionamos, también puede resultar de ayuda basarnos en figuras públicas. La distancia presente en el caso de estas últimas «relaciones» puede permitirnos mirar con mayor objetividad y sentido del humor.

El valor que tienen nuestros juicios es que nos reflejan en relación con qué podemos estar fuera de equilibrio o en situación de negación de nuestros *propios* comportamientos. A menudo apuntan a lo que hemos negado en nuestro interior, a nuestros aspectos ocultos. Estos rasgos a menudo contienen, en potencia, energías vitales que realmente necesitamos pero que podemos estar rechazando. Hemos encontrado una manera de cosechar los beneficios de nuestros juicios, la cual implica mirar la energía o cualidad esencial que subyace a la característica desagradable que hemos identificado.

Al trabajar con nuestro grupo de asistentes al taller en el que se eligió a ese político, desglosamos las distintas características que nombraron y con las que se sentían muy enojados. Empezamos con «egoísta». ¿Quién querría ser egoísta? ¿Qué podría tener de bueno serlo? Les pedimos a los miembros del grupo que consideraran la esencia subyacente al egoísmo y se preguntaran: «¿Qué significa en realidad ser egoísta?».

«Ser egoísta» puede representar una amplia variedad de comportamientos. Identificamos que la esencia de «ser egoísta» era poner nuestro foco en nosotros mismos. Esto podía consistir, sencillamente, en poner límites en nuestras vidas. También podía consistir en que cuidásemos de nosotros mismos, de tal modo que pudiésemos cuidar de los demás de alguna manera. Por medio de este ejercicio muchos de los asistentes al taller se dieron cuenta de que, una vez que retiraban su foco del político y miraban este aspecto en sus vidas personales, estaban demasiado enfocados en quienes los rodeaban. Fueron conscientes de que ponían las necesidades de todos los demás por delante de las suyas propias. Vieron que se sentían culpables siempre que pensaban en sí mismos antes que en cualquier otra persona, especialmente antes que en sus familiares. Desde esta perspectiva, era evidente que muchos de ellos habían repudiado el egoísmo. Representaba una cualidad positiva que la mayoría necesitaban que estuviese más presente en sus vidas.

Desde este punto de vista, pudieron ver que tener un poco de «egoísmo» era bueno. Ser capaces de decir «no» cuando precisaban hacerlo era importante para ellos. Necesitaban esta cualidad en sus vidas con el fin de restablecer el equilibrio y la sanación, tanto a nivel mental como físico. El hecho de identificar un reflejo negativo les reveló que les faltaba el contacto con un aspecto que era importante y necesario en sus vidas. Al darse cuenta de ello, fueron capaces de integrar más conscientemente esa energía. Mirar y abrazar con honestidad su necesidad de cuidar de sí mismos les aportó una sensación de alivio y bienestar.

Otro aspecto de la lista que examinamos fue «estúpido». Nos preguntamos cuál podría ser la cualidad subyacente a la estupidez. ¿Quién querría ser estúpido? Un participante en particular, Donald, habló sobre cómo esta característica se reflejaba en su propia vida. Si bien despreciaba a ese político y lo ridiculizó por todos los patinazos y declaraciones ignorantes que hacía, Donald vio que, en su propia vida, ser «estúpido» significaba no tener siempre las respuestas y no saberlo todo. Se dio cuenta de que su papel en su familia era el de ser la persona a la que todos acudían. Desempeñaba este mismo papel en el trabajo, donde siempre estaba resolviendo los problemas de los demás. Al aceptar ser «estúpido», pudo aliviar la presión que se imponía a sí mismo de ser siempre el que tenía las respuestas. Esto significaba que no tenía por qué ocuparse de nadie más, y pudo relajarse un poco.

Donald había crecido con un padre alcohólico y del que pensaba que era un «estúpido» borracho. Había interiorizado la necesidad de ser «inteligente» para no seguir jamás los pasos de su padre. Con el tiempo vio que en realidad era un hombre adorable que tenía una enfermedad; de hecho, su padre se volvió sobrio y se mantuvo así durante muchos años. Por medio de este ejercicio, Donald se hizo mucho más consciente de toda la presión que, inconscientemente, se atribuía, y sintió un poderoso sentimiento de perdón hacia su padre y hacia sí mismo —un sentimiento desconocido para él hasta entonces.

También se dio cuenta de que la intimidad que había estado anhelando en su relación con su mujer estaba afectada por su incapacidad de ser auténtico, lo que para él significaba no saber siempre cómo arreglar algo o resolver un problema. Nunca había sido capaz de pedirle ayuda o de mostrarse vulnerable ante ella en ningún sentido. Al entrar en contacto con esta parte de sí mismo —la parte vulnerable, la parte que no sabe, la parte «estúpida»—, sintió que podía experimentar una mayor cercanía con su mujer. Donald fue consciente de que podía mostrarse vulnerable con ella y de que esto los acercaría más.

Hablando de ese político, el grupo discutió la expresión *hambre de poder*. Sheri pensaba que esto era especialmente ofensivo, lo peor de la lista. Aunque tener hambre de poder es semejante a ser egoísta, consideraba que era peor, porque también representaba comportamientos agresivos y machistas, que suponían cualidades totalmente inaceptables para ella.

Después Sheri examinó el hambre de poder tal como se reflejaba en sí misma y en su propio proceso, y tuvo una gran revelación. Cuando nos preguntamos qué tenía de positivo tener hambre de poder, admitió que podía consistir en tener poder; no poder sobre los demás, sino el propio poder personal, interior.

Sheri describió ciertas situaciones que había vivido con una serie de jefes. Cada uno de ellos había estado enfocado en su próxima promoción y la había utilizado para ayudarse a obtener lo que quería. En cada ocasión sintió que había asumido un papel ingrato, y se dio cuenta de que había estado temiendo su propio poder. ¿Qué ocurriría si ella destacase por sí misma? ¿Qué ocurriría si mostrase lo que quería? ¿Y si deseaba ascender en la empresa? Estas preguntas la ayudaron a darse cuenta de cómo se había estado empequeñeciendo y de cómo se había estado sometiendo a los demás.

Sheri tenía tanto miedo de las críticas y del fracaso que se mantuvo atascada en trabajos menores. El ciclo se repitió una y otra vez con cada nuevo jefe. Se daba cuenta de que tenía aspiraciones y de que quería más responsabilidades, pero había estado sofocando esa voz dentro de sí a causa de sus miedos. Cuando tuvo estas comprensiones, experimentó una sensación de poder totalmente nueva dentro de sí. No se sintió por encima de sus compañeros ni de sus jefes, sino igual a ellos. Vio el valor de sus contribuciones, sugerencias y talentos, así como el valor que podía aportar a su empresa por medio de compartir su «poder» recién descubierto.

CUANDO LAS RELACIONES REFLEJAN CUALIDADES OPUESTAS

Cuando examinamos los reflejos negativos que surgen en nuestras relaciones con los demás, empezamos por mirar aquellas características con las que nos mostramos muy críticos, y después buscamos el valor que la esencia de esas características puede aportar a nuestras vidas. Otro signo de que estamos identificando un yo o una cualidad que hemos rechazado es cuando nos encontramos en una relación con alguien que ejemplifica lo «contrario» de nosotros.

Por ejemplo, veamos el caso de dos compañeras de trabajo. Alice es gerente de cuentas. Es muy organizada, estructurada y meticulosa. Dorothy es directora creativa. Tiene un pensamiento expansivo, conecta bien con los clientes y es una gran visionaria. Siempre que un proyecto incompleto se acerca a su fecha de entrega, ambas chocan. Alice se siente frustrada por las «ensoñaciones» de Dorothy, especialmente cuando sigue acudiendo con nuevas ideas en vez de enfocarse en acabar el proyecto, y Dorothy se siente asfixiada por la microgestión e inflexibilidad de Alice.

Cuando examinamos lo que puede estar ocurriendo usando nuestro modelo para las relaciones, podemos ver que cada una de ellas está «llevando» o representando comportamientos opuestos. Cada una se está identificando demasiado con ciertos aspectos de su personalidad. Para empeorar las cosas, ¡ambas sienten que tienen la razón!

En cualquier relación, si quitamos el énfasis de los comportamientos y tratamos de mirar más al fondo, a las cualidades esenciales que subyacen a nuestras acciones y a las de la otra persona, podemos ver la dinámica de un modo más objetivo, podemos reconocer cualquier aspecto de nuestra personalidad con el que nos estemos identificando en exceso y que podamos estar rechazando o negando. Con el fin de experimentar plenitud y equilibrio en nuestras vidas, tenemos que ser capaces de acceder a todas las posibles energías disponibles, o al menos hacernos conscientes de la esencia de cada una de estas características.

Dorothy y Alice usaron nuestro modelo para las relaciones y descubrieron qué estaba ocurriendo en su dinámica, y usaron esto como un ejercicio para trabajar mejor en equipo. Ambas pudieron ver que tenían una venda en los ojos en cuanto a su propio comportamiento y que no estaban valorando las contribuciones de la otra. Alice fue capaz de reconocer el estilo de trabajo de Dorothy, y en vez de intentar hacerle cambiar la manera de trabajar reelaboró su cronograma para permitir que su proceso creativo se desplegara y, al final, diera lugar a un producto más rico. Equilibró su necesidad de un cronograma con la necesidad de Dorothy de contar con un espacio creativo.

Alice también reconoció que se mostraba particularmente susceptible a causa de su miedo a la crítica por parte de los clientes. Era hipersensible a las críticas y siempre había sentido ansiedad por complacer al cliente. Sin darse cuenta, estaba tratando de controlar a Dorothy en un intento de controlar los sentimientos que estaba teniendo.

Dorothy, por su parte, acabó por valorar el papel de Alice como directora del proyecto. Puesto que tenía una compañera que podía tratar con los clientes y ocuparse de la logística, valoró que esto le proporcionase el espacio para explorar su creatividad y elaborar aquello que el cliente estaba buscando. Dorothy también vio lo bueno que tenía que alguien contuviera su proceso, pues así podía cumplir con los plazos de entrega. También se dio cuenta de que sentía que los plazos la constreñían a causa de asuntos relacionados con su propio proceso creativo. Su crítico interior era muy fuerte y se alargaba con los proyectos más de lo necesario porque estaba dudando de sí misma todo el tiempo, lo que la conducía a rectificar varias veces.

Usar las relaciones como espejos es un tipo de trabajo interior que puede resultar útil en cualquier situación. Hay tantas variaciones o posibilidades como individuos. Puedes ver, a través de los ejemplos que reflejamos aquí, la riqueza de descubrimientos y comprensiones que un trabajo así proporciona.

Si bien estos ejercicios son útiles y fáciles de aplicar en cualquier situación, resultan especialmente eficaces cuando tienes un conflicto con alguien; por ejemplo, en una discusión, cuando te descubres diciendo: «¡Eres tan _____ [rellena el espacio en blanco]!». Estas son ocasiones perfectas para que uses tus sentimientos a fin de examinar qué está ocurriendo dentro de ti. No podemos cambiar a la otra persona o conseguir que deje de hacer lo que está haciendo que nos resulta tan perturbador, pero sí podemos usar nuestras reacciones para redirigirnos a nosotros mismos. Lo que podemos hacer es trabajar con nosotros mismos y con nuestras propias vidas. Resulta sorprendente ver cómo las personas se vuelven menos molestas una vez que empezamos a mirarnos a nosotros mismos y comprendemos mejor lo que nos sucede.

Nuestras relaciones con los demás reflejan continuamente y de manera exacta dónde estamos en nuestro proceso de llegar a ser totales. Cada día nos ofrece la oportunidad de practicar. Si adoptamos el enfoque de que nuestra vida es un gran experimento humano, cada experiencia que tenemos es solo una parte de ese proceso. Podemos enfocar cada día, cada momento, con apertura y con la conciencia de que cada persona que encontramos, cada situación en que nos hallamos y cada interacción que llevamos a cabo es una oportunidad que se nos ofrece de aprender más sobre nosotros mismos. No podemos agarrar todas estas oportunidades, pero sí intentar atrapar todas las que podamos. Con esta actitud podemos tomarnos las experiencias «negativas» con más calma y permitir que nos ayuden a crecer.

Hemos explorado varias maneras de ver las relaciones como guías y maestras. Este proceso no es siempre sencillo o indoloro, pero nos puede ayudar a crecer como individuos y a construir relaciones más gratificantes. Ahora veremos cómo se juntan todos nuestros yoes para dar lugar a la persona que somos y exploraremos algunos de los más habituales que todos parecemos compartir.

El ego consciente y el niño interior

Todos nacemos con un gran potencial. Cada uno de nosotros podemos acceder a todas las energías de todos los yoes que existen en el mundo, puesto que son aspectos de nosotros mismos. Estos aspectos se ven profundamente afectados por las personas que nos educan e influidos por nuestro entorno. Es así como hay un gran número de posibilidades para los distintos yoes, o grupos de yoes, que pueden formarse en nuestro interior. Estos grupos de yoes se ven continuamente modelados por nuestras experiencias de vida, lo que condiciona todavía más su profundidad y complejidad.

Dentro de estas variaciones y posibilidades, he encontrado que en general hay un grupo de yoes que forman nuestros arquetipos —un grupo principal de yoes que obedecen a ciertos patrones y juegan determinados papeles en nuestras vidas—. Todos tenemos estos yoes dentro de nosotros y los experimentamos hasta cierto punto y de alguna forma. En el siguiente capítulo, «La exploración de los yoes habituales», observaremos algunos de ellos con detalle.

Pero antes hablemos de la conciencia (en calidad de atención) y del ego en sí mismos. A medida que usamos las relaciones como maestras, empezamos a reconocer los distintos yoes dentro de nosotros. Llegamos a entender esos aspectos que hemos desarrollado con fuerza así como aquellos que hemos negado. Por medio de este proceso empezamos a experimentar la «conciencia», en el sentido de estar plenamente presentes en el momento. Poner conciencia consiste tan solo en atestiguar u observar lo que acontece. La conciencia no ocupa un lugar ni tiene ninguna influencia en el proceso ni es una experiencia proactiva. Como saben muchos de quienes han tratado de experimentar la conciencia y la sensación de estar en el momento presente, es a menudo una experiencia de corta duración, fugaz incluso.

Al identificar los yoes y hablar con ellos, experimentamos la conciencia cuando reconocemos un yo como una *parte* de quienes somos y no la *totalidad* de quienes somos. La conciencia también surge cuando admitimos que por cada yo que tenemos reconocido existe una energía o yo equivalente y opuesto que no tenemos reconocido, aceptado o integrado en nuestra manera de ser. Y nos vamos haciendo también conscientes de estos yoes.

La conciencia es un lugar encantador en el que estar; es expansiva, pacífica e incluso feliz. Sin embargo, no es una posición desde la que podamos emprender la acción. Con el fin de existir en este mundo, debemos ser capaces de emprender la acción por nosotros mismos, y la conciencia tiene que ver con sencillamente ser. Es la consciencia, con ese, la que nos permite hacer cambios y llevar a cabo elecciones.

En los campos de la autoayuda y el crecimiento personal, y sobre todo del desarrollo espiritual, el «ego» puede ser visto como negativo, como algo de lo que librarnos o que debemos trascender. Pero en este trabajo entendemos el ego como absolutamente necesario y esencial para nuestra estabilidad.

Aquí, el ego es nuestro «principal conjunto de yoes»: el grupo de yoes que supervisa y gestiona nuestras vidas cotidianas. Influido por nuestra infancia y por las experiencias de la vida, el ego responde de las maneras que hemos desarrollado para mantenernos a salvo y ver nuestras necesidades satisfechas. Dicho llanamente, se trata de un grupo de yoes que conduce nuestras vidas y crea nuestra personalidad. Constituye un proceso natural en el desarrollo humano, y tiene lugar con poca implicación de la conciencia por nuestra parte.

Una vez que experimentamos la conciencia, podemos lograr un cambio por medio de este grupo de yoes. Si nuestro ego es nuestro principal conjunto de yoes, eso significa que el «ego consciente», como Hal y Sidra lo han bautizado, es el mismo grupo de yoes, que, ahora, han experimentado la conciencia. Si nos separamos de nuestros yoes principales e integramos los que tenemos en la sombra, podemos experimentar el ego consciente, o el proceso del ego consciente. Esto no es una experiencia estática o un punto al que finalmente llegamos. Hacernos conscientes es un proceso dinámico, que constantemente está revelando cosas, que está evolucionando de continuo. Este proceso de transformación conduce a la elección consciente, lo que nos permite emprender la acción.

EL PAPEL DEL NIÑO INTERIOR

Dentro de cada uno de nosotros hay un niño; un niño que es la combinación de cada edad y de cada fase de desarrollo por la que hemos pasado. Como los otros yoes, este niño alberga distintos recuerdos, ideas y preocupaciones. Podemos decir que cada edad y fase de desarrollo tiene su propio niño, de modo que los estados internos realmente forjan un grupo de «niños», a los que nos referimos colectivamente como nuestro niño interior. Podemos elegir poner un nombre a algún niño interior específico que estemos experimentando y hablar de nuestro niño juguetón, por ejemplo, o del niño asustado, o podemos describirlo como «la niña que era cuando tenía ocho años». El niño interior, le pongamos nombres o no, y tanto si somos conscientes de él como si no, representa nuestra vulnerabilidad. Representa nuestra inocencia, nuestra sensibilidad, nuestra fragilidad y nuestra confianza en los demás.

Ser vulnerables es una experiencia de calado en nuestras vidas, que define quiénes somos y cómo nos comportamos. Nuestras personalidades se desarrollan en respuesta a nuestra vulnerabilidad por medio de buscar las mejores maneras posibles de conseguir seguridad, protección y cuidado. Experimentamos nuestra vulnerabilidad a través de las emociones y los sentimientos. Estos son esenciales para nuestras relaciones; nos aportan conexión e intimidad por medio de la empatía, la compasión y el amor. A causa de ello, el niño interior está en el centro de la experiencia humana, en el núcleo de nuestra existencia.

Estos yoes infantiles nunca crecen. Siempre tienen la edad del niño que son en nuestro interior. No cambian ni maduran, ni debemos querer que lo hagan. Aportan riqueza, profundidad y gozo a nuestras vidas. Podemos sentir asombro y maravilla porque existen dentro de nosotros. Nuestro trabajo no es «hacerlos madurar», sino ser conscientes de que existen y cuidar de ellos.

Si se formaron durante una fase específica de nuestras vidas, o a raíz de algún acontecimiento dramático, cargan con los recuerdos, perspectivas e historias de nuestra infancia en esos tiempos. También pueden tener un carácter más general, menos vinculado con nuestra infancia personal, y traer las cualidades universales del niño.

El niño interior es una gema oculta en nosotros y se muestra inevitablemente en nuestras relaciones; podríamos decir que es una piedra angular en nuestro camino de consciencia. Nuestro niño interior tiene regalos en pro de nuestra sanación y puede actuar como un guía que nos conduzca a lo que podría estar faltándonos en nuestra vida y nuestras relaciones. A menudo, nos ofrece la mejor medicina para lo que nos aflige. Al percatarnos de la existencia del niño interior y responder conscientemente a sus necesidades, estamos sanando a la vez nuestro pasado, nuestro presente y nuestro futuro.

El siguiente es un ejemplo de cómo el niño interior aportó comprensión y sanación a una persona. Beverly padecía una fatiga extrema. Aunque estaba en tratamiento y acudía a las terapias alternativas, su recuperación estaba siendo lenta y su progreso estaba básicamente estancado. Durante una sesión de terapia con Beverly, Gina quiso saber si había otras razones, además de las físicas, que pudiesen explicar su fatiga, y ella accedió a trabajar con el diálogo de voces. Esta es una parte de la conversación que tuvo lugar entre Beverly y Gina:

GINA: Beverly, ¿has estado padeciendo una fatiga muy extrema?

BEVERLY: Sí, terrible. No tengo energía; no aguanto un solo día sin sentirme agotada. Me siento abrumada.

GINA: ¿Cómo te está afectando esto a ti y a tu vida?

BEVERLY: Todas las áreas de mi vida se ven afectadas. No quiero ver a mi familia ni a mis amigos. Mis hijos me agotan. Estoy resentida con mi marido. Esto es muy difícil de llevar.

GINA: ¿Por qué no hablamos con la parte de ti que está sintiendo este agotamiento, este agobio? [Beverly gira su silla hacia su izquierda]. ¿Así que tú eres la parte de Beverly que se siente agotada? ¿Muy cansada?

BEVERLY: Sí.

GINA: Háblame de esto. ¿Qué ocurre?

BEVERLY: Oh, ¡está tan ocupada! Tiene que hacerlo todo.

GINA: ¿Quién? ¿Beverly?

BEVERLY: Sí.

GINA: ¿Por ejemplo?

BEVERLY: Se ocupa de su madre, de sus hijos, de su jefe, de su marido, de sus amigos y de sus vecinos.

GINA: ¡Caramba, esto es mucho trabajo! ¿Cómo hace para ocuparse de todas estas personas?

BEVERLY: Lo hace *todo* por ellas. Su madre no se maneja muy bien y necesita muchos cuidados. Tiene un hermano y hermanas que podrían ocuparse también de su madre, pero ella sencillamente se pone y lo hace. Está extraordinariamente enfocada en sus hijos y tiene que asegurarse de que tienen todo lo que necesitan. Por otra parte, no sabe desconectar del trabajo y está siempre disponible para su jefe; incluso atiende sus llamadas los fines de semana y las noches. Siempre que alguien necesita algo, se lo pide a ella, y ella sencillamente lo hace.

GINA: Esto debe de ser muy difícil para ti. [Beverly asiente con la cabeza]. Pareces muy joven. ¿Puedo preguntarte cuántos años tienes?

BEVERLY: Bueno, ¿nueve, tal vez?

GINA: Ya veo. Son muchas preocupaciones para una niña de nueve años. ¿Es esta la edad en que entraste en la vida de Beverly? ¿A los nueve años? [Beverly asiente]. ¿Qué estaba experimentando Beverly en esos tiempos?

BEVERLY: Bueno, sus padres discutían mucho. Hablaban de divorciarse.

GINA: Esto es espantoso para una niña pequeña.

BEVERLY: Pensé que si fuera una buena niña, dejarían de discutir.

GINA: ¡Dulce criatura! Puedo imaginarlo. Suena espantoso. ¿Cómo hiciste para ser una buena chica?

BEVERLY: Empecé a ayudar a mi madre con las tareas. También era buena a la hora de encontrar objetos que mi padre perdía, como sus llaves o sus papeles del trabajo. Además, ayudé mucho con mi hermano; intenté que se comportara de tal manera que mi madre y mi padre no se pelearan.

Con este proceso, Beverly se dio cuenta de que había conservado esos sentimientos de responsabilidad, pánico y angustia en su interior durante todos esos años. Explicó que era totalmente inconsciente de su necesidad de cuidar de los demás, como si hubiese estado funcionando con el piloto automático. Para ella, una parte de traer conciencia a su proceso significaba incluir a su niña interior, que actuaba permanentemente como si tuviera nueve años de edad y experimentaba la falta de control que una vez experimentó con su familia.

Beverly vio a esta niña interior como una parte dentro de sí que contenía esos recuerdos y experiencias y vivía como si esos hechos aún estuvieran aconteciendo hoy. Empezó a alimentar esa parte de sí misma y a hacer de madre de su niña interior; le dijo que la quería y que no era asunto suyo preocuparse de los adultos. Estos eran problemas de la gente mayor y ella no era más que una niña. Una vez que se hizo consciente de este proceso, pudo sentir que su niña interior se ponía ansiosa cuando alguien necesitaba ayuda o estaba disgustado con ella, o cuando su jefe la llamaba a casa. Cuando estos sentimientos surgían, la apaciguaba a la vez que llevaba a cabo elecciones conscientes sobre la mejor manera de responder. De esta forma aprendió a sanar la herida que había experimentado de niña, y también a cuidar de sí misma en el presente.

A base de comportarse de un modo diferente en su vida, Beverly acabó por recuperarse del agotamiento que padecía. Puso límites en su trabajo y a su jefe, y llevó a cabo elecciones conscientes en cuanto al equilibrio entre su vida familiar y laboral a partir de lo que era más enriquecedor para ella. Se puso un horario diario que incluía tiempo para jugar con sus hijos y para conectar con su marido, así como tiempo no estructurado para poder leer, descansar o soñar despierta. A medida que cuidaba de sí misma y de su niña interior,

Beverly estaba más presente para sus amigos y familia. Ella y su marido volvieron a conectar y encontraron la alegría y la intimidad que había estado faltando entre ellos. Este es un buen ejemplo de cómo el niño interior puede conducirnos exactamente hasta lo que necesitamos y aportar sanación a nuestro pasado, presente y futuro, todo a la vez.

En general, permanecemos habitualmente inconscientes del proceso del niño interior, y no acabamos de darnos cuenta de nuestra vulnerabilidad. Aunque a veces podemos sentirnos inadecuados, inseguros o asustados, no es lo mismo que estar en contacto con nuestra vulnerabilidad. Esto tampoco nos permite ocuparnos conscientemente de nuestras necesidades. Una vez que nos percatamos de lo que estamos sintiendo y reconocemos que nuestro niño interior se halla en el núcleo de lo que estamos experimentando, podemos llevar a cabo elecciones conscientes sobre cómo responder a sus necesidades. Podemos recibir pistas por parte de nuestro niño interior en cuanto a lo que sería mejor en una situación dada.

Con esta nueva conciencia, también descubrimos los procedimientos que hemos desarrollado en nuestro esfuerzo por cuidar del niño interior. A veces estos procedimientos en última instancia no nos sirven; por ejemplo, es contraproducente ignorar o incluso enterrar al niño interior como una manera de protegerlo. El resultado es que no experimentamos conexiones o una intimidad profunda con los demás, de modo que nos sentimos solos o aislados. Puede llevar tiempo llegar o destapar a nuestro niño interior y descubrir sus muchas capas, pero todo lo que necesitamos para empezar es conciencia; basta con que seamos conscientes de que este proceso está en marcha dentro de nosotros.

Nuestro niño interior afecta a nuestras vidas y a todas nuestras relaciones. Es muy habitual que, sin saberlo, demos inicio a una relación íntima a partir de la necesidad de cuidar de nuestro niño interior. ¡Al principio parece todo tan hermoso! Nuestra pareja nos ama, nos nutre, se preocupa por nosotros; incluso tal vez nos mima. Cuando nos sentimos tan amados de esta manera, a menudo es el niño interior el que está sintiendo este amor y absorbiéndolo.

Todo es maravilloso... hasta que nuestra pareja tiene un mal día, o está cansada o distraída. Si no puede estar ahí para nosotros, de pronto nos sentimos rechazados, ignorados o tal vez no valorados. Resultamos heridos y la culpamos; todo lo que vemos es lo que *ella* ha hecho mal y cómo *ella* nos ha herido. Es como si hubiéramos agarrado a nuestro niño interior y lo hubiésemos puesto en el regazo de otra persona, esperando que ella cuide de nosotros. ¡No es extraño que nos sintamos expuestos, abandonados o rechazados! Una vez que nos hacemos conscientes de lo que está sucediendo en nuestro interior —conscientes del papel de nuestro niño interior—, podemos volver a enfocarnos en nosotros mismos y en nuestras necesidades del momento. Podemos dejar de pretender que los demás nos hagan sentir mejor y emprender la acción para sentirnos mejor por nosotros mismos. Desde luego, es correcto esperar atenciones y consuelo por parte de nuestra pareja, pero nadie, ni tan siquiera un padre o una madre, puede prever o atender todas nuestras necesidades. Al aceptar a nuestro niño interior cuando surge, aprendemos a reconocer nuestras necesidades y las maneras en que podemos cuidar de nosotros mismos.

La exploración de los yoes habituales

En este capítulo veremos muchos de los yoes arquetípicos que todo el mundo parece poseer. Cada descripción incluye una visión general de cada uno de los yoes y ejemplos de cómo pueden expresarse o cómo podemos experimentarlos en nuestras vidas. Esto es útil a la hora de identificar yoes en nuestro interior y para ver cómo estos yoes se pueden relacionar, y cómo pueden interactuar, con las personas que forman parte de nuestras vidas –especialmente aquellas que sentimos más cercanas.

Hay yoes que no están incluidos aquí, por supuesto, pero puedes aprender más al respecto si lees los excelentes libros de Hal y Sidra Stone. Los yoes que identificamos en este capítulo resultarán especialmente útiles para aquellas etapas en que estemos experimentando dificultades con una relación o sintiéndonos atascados en ciertas áreas de nuestras vidas. Leer las descripciones puede aportar comprensión en relación con lo que pueda estar sucediendo a un nivel subconsciente, o bien ayudarnos a identificar un área de nuestras vidas en la que estemos experimentando un desequilibrio.

EL HACEDOR DE REGLAS

El hacedor de reglas es la parte de nosotros que crea las normas por las que regimos nuestras vidas y las hace cumplir. Es un componente tan básico de nuestra personalidad que ni siquiera nos damos cuenta de que está ahí, actuando. Se inspira en los valores de nuestra familia y nuestra cultura, así como en algunos de nuestros yoes principales y lo que es importante para estos. Si, tal vez a causa de nuestra familia o educación, sentimos que es muy importante tener una personalidad complaciente, el hacedor de reglas establecerá normas sobre cómo deberíamos comportarnos con el fin de complacer siempre a los demás.

Además de definir cómo deberíamos comportarnos, este yo establece las directrices de las elecciones, grandes y pequeñas, que determinan cómo vivimos nuestras vidas. La distinción entre lo correcto y lo incorrecto es muy importante para el hacedor de reglas, que tiene fuertes sentimientos y opiniones al respecto.

En nuestras relaciones, el hacedor de reglas determina nuestro papel: cómo deberíamos comportarnos y qué es o no aceptable, así como la manera en que deberíamos ser tratados, cómo deberían actuar los demás con nosotros y qué papeles deberían estar representando (el hacedor de reglas es muy aficionado al *debería*). Esto puede afectar a nuestras relaciones íntimas, ya que podemos quedar atrapados en cierto rol o forma de ser en lugar de tener acceso a una experiencia más auténtica en el momento. Si el hacedor de reglas de una persona es muy autoritario, esto puede polarizar a la otra persona hacia la rebeldía, y esto, por supuesto, va a afectar seriamente a la dinámica de la relación.

Lo más habitual es que el hacedor de reglas establezca normas en pro de nuestro bienestar. Aunque las normas pueden parecer restrictivas, su intención es mantenernos a salvo, tanto en el ámbito emocional como en el físico. Todos tenemos alguna versión de este yo, y si nuestra infancia fue especialmente turbulenta o inestable, nuestro hacedor de reglas puede ser bastante fuerte y rígido. Si una persona creció con unos padres autoritarios, puede haber desarrollado «normas» para fluir libremente, o podría mostrarse desafiante y rebelde como una reacción de oposición a sus padres. O bien puede sentir que la obediencia ciega es el único camino que tiene abierto ante sí.

Como ocurre con todos los yoes, la sanación que necesitamos para traer el equilibrio a nuestras vidas es reconocer nuestro hacedor de reglas y valorarlo por estar llevando a cabo una tarea específica. Cuando empezamos a permitir que trabaje nuestra consciencia, aprendemos nuevas maneras de cuidar de los demás y de nosotros mismos, así como de traer mayor equilibrio a nuestras vidas y relaciones.

Yoes contrarios al hacedor de reglas pueden ser aspectos que se hallen ocultos para nosotros, o bien yoes presentes en nuestras parejas. Entre los yoes contrarios al hacedor de reglas podemos tener el yo rebelde, el acomodadizo, el yo energía o el yo espíritu libre y espontáneo. En algunos casos, el hacedor de reglas puede decidir que seas un espíritu libre todo el tiempo, y es así como puedes desarrollar una identidad contracultural u oponerte por sistema a las autoridades externas o a las reglas sociales.

EL HACEDOR DE REGLAS ESPIRITUALES

El hacedor de reglas Espirituales, o hacedor de reglas Nueva Era, se desarrolla una vez que la persona empieza a recorrer un camino de consciencia o crecimiento personal. Yoes semejantes a este pueden incluir el hacedor de reglas de Recuperación, que establece normas rígidas para la persona una vez que empieza un camino de recuperación respecto de una adicción, y el hacedor de reglas religiosas, que adopta los preceptos que defiende una tradición religiosa o los que le induce una experiencia de conversión.

El hacedor de reglas espirituales se revela en un principio como un esfuerzo por buscar respuestas, aliviar el dolor, recuperarse de una adicción, hacer que nuestra vida tenga más sentido o encontrar el propósito de nuestra existencia, pero evoluciona hacia la definición de nuevas reglas que sustituyen a las anteriores por las que nos regíamos. Él adopta estas nuevas ideas y elabora un conjunto de instrucciones sobre cómo vivir a partir de estos nuevos valores.

Lo malo que tiene identificarse con estos hacedores de reglas espirituales es que permanecemos encerrados en maneras de vivir rígidas, limitadas. Muy a menudo nos sentimos oprimidos, en vez de libres. Algunas reglas habituales de la «Nueva Era», por ejemplo, son estar en todo momento felices, perdonar siempre, aceptar todas las situaciones, estar siempre agradecidos y mostrarnos amables y amorosos con todos todo el tiempo.

Estos pueden ser principios, objetivos o aspiraciones excelentes. Sin embargo, no podemos lograr todos estos objetivos continuamente, en especial en el ámbito de nuestras relaciones. Si mi pareja hiere mis sentimientos y estoy identificado con el hacedor de reglas espirituales, es posible que sienta que no puedo expresarme con honestidad. En vez de eso, me obligo a ser amable y comprensivo y a perdonar al otro, o tal vez me obligo a ver esta situación como habiendo acontecido a propósito de tal manera que pueda aprender de ella. Cuando no puedo ser honesto con mi pareja, la intimidad se resiente, así como la vivacidad de la relación, nuestra auténtica conexión. Para experimentar una verdadera intimidad, tenemos que aprender cómo estar en desacuerdo el uno con el otro, cómo expresar nuestras diferencias y cómo razonar las cosas en un clima de seguridad y respeto.

Es importante remarcar el hecho de que alguien que esté empezando un proceso de recuperación respecto de alguna adicción debe llevar a cabo, a menudo, cambios drásticos en cuanto a su comportamiento, estilo de vida, amigos o entorno. Necesita establecer nuevos hábitos y límites para sí mismo, y por esta razón puede identificarse con un fuerte hacedor de reglas de recuperación. Sin embargo, como hemos dicho antes, una persona que esté en proceso de recuperación debería evitar lo que podría llamarse «reglas emocionales», tales como que nunca puede tener una emoción negativa, que siempre debe sentir agradecimiento o que no puede permitirse ningún antojo por miedo a que amenace su recuperación. Reglas como estas pueden constreñir tanto a la persona que incluso pueden hacerla regresar a su anterior dependencia. Para gozar de un equilibrio sano y natural podemos aceptar y expresar lo que estamos experimentando, y a la vez hacer uso de las herramientas de recuperación o trabajar con un Programa de Doce Pasos. Como ocurre con los otros yoes, los problemas surgen cuando no llevamos a cabo elecciones conscientes sino que nos encerramos en una sola forma de ser.

EL IMPULSOR

El impulsor es un yo enérgico, una fuerza conductora que nos impulsa a finalizar las cosas que empezamos, a hacer más, incluso a ser de una determinada manera *todo* el tiempo. Su trabajo consiste en cumplir con todo aquello que queremos hacer. El impulsor trae consigo lo que llamamos la energía de «hacer». Es el yo que nos despierta por la mañana y escribe nuestra lista de tareas por hacer durante el día. Encapsula en un horario todos los cometidos, llamadas telefónicas y recados que «debemos» llevar a cabo diariamente.

El impulsor trabaja en colaboración con el hacedor de reglas y el perfeccionista. Hace que cumplamos con aquello que hemos determinado que son nuestras «reglas» y nos impulsa a alcanzar nuestros objetivos o los objetivos del perfeccionista. Una persona con un impulsor fuerte puede ser descrita como una personalidad «tipo A» o «muy decidida». El impulsor constituye una gran fuerza en nuestra cultura y está a menudo sobrevalorado en nuestros entornos laborales. Siempre quiere estar cumpliendo, produciendo y centrándose en lo que hay que entregar a tiempo.

Una persona que tenga un impulsor fuerte también será decidida en sus relaciones; a menudo organizará el tiempo que deben pasar juntos. Asimismo, se asegurará de estar «haciendo» siempre algo y de mantenerse ocupada; no se permitirá estar inactiva durante mucho tiempo. Lo más probable será que planifique un horario estricto y lo menos probable será que sea espontánea y se deje fluir, incluso en las mañanas de los domingos.

Estas personas pueden sentirse impulsadas a trabajar con sus relaciones; con frecuencia quieren «procesar», y constantemente desean ir más profundo o establecer una mejor conexión durante el tiempo que pasan con su pareja. A menudo instan a esta a que cambie, a que sea diferente, a que actúe de otra manera. Esto puede ser cansado y desafiante para el otro, si bien un impulsor fuerte suele mantener relaciones con un cuidador o un complaciente que normalmente pasa por ello de buena gana (¡al menos durante un tiempo!).

Yoes contrarios al impulsor serán, en general, yoes que estiman sencillamente «ser», aquellos que valoran descansar, relajarse, tomarse su tiempo, estar en la naturaleza y conectar con los demás. Los yoes creativos y expresivos, así como los intuitivos y espontáneos, también pueden ser energías opuestas a las del impulsor. Una persona con un impulsor fuerte buscará probablemente una relación con una persona que tenga al menos algunas de esas cualidades contrarias. A menudo, alguien con un impulsor fuerte interactúa mucho con los demás y prefiere estar fuera, en el mundo, mientras que su pareja es más hogareña o prefiere pasar más tiempo consigo misma.

EL IMPULSOR ESPIRITUAL

El impulsor espiritual o Nueva Era combina las cualidades del hacedor de reglas espirituales y del impulsor. Aunque a veces usamos el término *Nueva Era*, este yo adopta cualesquiera principios religiosos o espirituales, o de recuperación respecto de dependencias, que la persona ha identificado como apropiados, valiosos y la manera «correcta» de ser. Sean cuales sean las palabras que utilicemos, el impulsor espiritual se siente impelido a cumplir con estos principios espirituales.

Para un buen impulsor espiritual es importante leer más, aprender más, crecer más y, esencialmente, convertirse en más «espiritual». Alguien que cuente con un fuerte impulsor espiritual puede tener libros inspiradores apilados al lado de la cama ¡y los leerá todos, por supuesto! Estas personas se apuntan a menudo a clases, talleres y retiros; siempre quieren aprender nuevas técnicas y herramientas para experimentar un mayor crecimiento personal y, en última instancia, una mayor atención, consciencia e iluminación.

Quienes tienen un fuerte impulsor espiritual o Nueva Era mantienen a menudo una relación con otra persona que cuenta, también, con un fuerte impulsor espiritual. Pueden asistir juntos a talleres, escuchar a conferenciantes y compartir libros. Si su compañero no tiene un impulsor espiritual fuerte, sin embargo, esto puede resultarle difícil y molesto, ya que lo más probable es que esa persona se vea instada, quiera o no, a leer un determinado libro o a escuchar determinadas citas que el dotado con el impulsor espiritual procurará leerle en voz alta, o bien se vea arrastrada a regañadientes a escuchar al siguiente autor famoso que acabe de llegar a la ciudad.

Los yoes contrarios al impulsor espiritual o Nueva Era son similares a los opuestos de todas las variedades de impulsores; incluyen los yoes relajados y acomodadizos, espontáneos, creativos y expresivos. En cuanto a los opuestos a los «espirituales», pueden incluir yoes enfocados en asuntos mundanos, tales como el entorno inmediato, el aspecto físico, el cuerpo, la economía o la vida laboral. Los opuestos también pueden incluir ciertos yoes intelectuales, junto con otros racionales, pragmáticos o de pensamiento lineal. En general, los yoes emocionales e infantiles también pueden ser portadores de una energía opuesta a la de los yoes «espirituales».

EL PERFECCIONISTA

El objetivo del yo perfeccionista es que demos lo mejor de nosotros mismos en todo momento, de modo que seamos amados, admirados y valorados. El perfeccionista se asegura de que estemos haciendo todo a la perfección, esto es, de acuerdo con sus criterios. Desafortunadamente, tiene baremos tan elevados que es imposible, nada realista, estar a su altura. El perfeccionista trabaja en colaboración con el hacedor de reglas y el impulsor: el hacedor de reglas hace las normas, el perfeccionista se asegura de que las cumplamos con precisión y el impulsor se cerciora de que las cumplamos siempre. El crítico interior también forma parte de este equipo. Es como un perro ladrador que está constantemente mordisqueándote, o acosándote, para que no te salgas del camino.

El perfeccionista tiene ideas claras en relación con lo que es aceptable, tanto para nosotros mismos como para los demás. Quiere que se hagan las cosas de una manera que perciba como correcta, adecuada o buena, en función de la situación o circunstancia. Para ello, se ve inspirado por otros yoes, que ayudan a definir cuáles son estos «buenos criterios»; a raíz de esto, la única tarea del perfeccionista consiste en asegurarse de que conservemos y sigamos estas normas —¡todas ellas!

Este yo permanece activo en variados aspectos de nuestras relaciones. Se enfoca en asegurarse de que somos perfectos, de que nuestra pareja es perfecta y de que la relación misma es perfecta. Alguien que tenga un perfeccionista fuerte puede creer en la «relación perfecta» y elaborar una idea imaginaria de ella, y después estar constantemente comparando en qué punto se encuentra la relación respecto a cómo tendría que ser. Si el perfeccionista está profundamente arraigado, no hay lugar para el error, ni tan siquiera para una curva de aprendizaje. Si se produce un conflicto, alguien con un perfeccionista fuerte puede tener dificultades para admitir un error o asumir la responsabilidad de ese error, o para ser capaz de escuchar verdaderamente las críticas o los puntos de vista del otro. Todo esto podría desafiar sus ideas acerca de quién es y cómo debería actuar, y esto le es difícil tolerarlo. El perfeccionista puede estar tan centrado en encontrar la pareja perfecta que la persona acaba permaneciendo soltera, desde el momento en que nadie que conozca puede estar a la altura de sus expectativas no realistas.

Como un perfeccionista fuerte es una energía muy potente, las energías opuestas son, por regla general, igualmente fuertes. Esto puede, fácilmente, crear tensión en una relación, si no tenemos conciencia de que estas polaridades existen en nuestro interior. Los opuestos que pueden traer tensión a una relación pueden ser las energías de un rebelde o un postergador, o de alguien que es apático o retraído. La otra persona puede expresar otras energías contrarias además de las mencionadas, tales como dejarse llevar y ser espontánea, caprichosa, aventurera o estar dispuesta a cometer errores.

EL CRÍTICO INTERIOR Y EL JUEZ

En su vertiente positiva, el crítico interior es una voz discernidora que nos ayuda a pensar de manera crítica, a considerar la toma de decisiones, a evaluar las situaciones, a evitar los errores y, en última instancia, a ser lo mejores que podemos ser. Parece pues que nos apoya, ¿verdad? Sin embargo, el crítico interior suena más como una voz que no para de comentar todo lo que hacemos, de decirnos cómo podríamos hacerlo mejor, de señalar nuestros errores. Se mete con nosotros, nos aguijonea y nos conduce a mejorar, a trabajar más rápido, etcétera. En su peor versión, puede convertirse en un ataque de negatividad continuo que nos hace sentirnos muy mal.

El crítico interior y el juez son, esencialmente, dos caras de la misma moneda. El primero es, de puertas adentro, crítico con nosotros mismos, mientras que el segundo, que actúa de puertas afuera, enjuicia a los demás. Cuando nos damos cuenta de que tenemos un juicio sobre alguien o algo, seguramente hemos encontrado uno de los yoes que hemos negado —o un yo principal, que puede ser también el caso—. Como hemos visto, podemos usar esta comprensión para llevar conciencia a las partes de nosotros mismos con las que podemos estar demasiado identificados o a aquellas a las que no estamos permitiendo expresarse, o de las que ya tenemos suficiente en nuestras vidas.

La intención del crítico interior es en realidad protegernos, cuidar de nosotros y mantenernos a salvo, tanto en el terreno físico como en el emocional. Su objetivo es evitar que nos hagamos daño, que suframos decepciones dolorosas o el descontento y las críticas de los demás por medio de hacerlo tan bien que nadie pueda criticarnos.

Las personas que tienen un crítico interior fuerte se vieron influidas a menudo, durante la infancia, por alguien que fue crítico con ellas, seguramente demasiado. Pudo tratarse de un padre, un hermano mayor o alguna otra figura que fue central en las etapas tempranas de su vida. Este adulto o figura autoritaria pudo haber tenido, asimismo, un crítico interior grande o hiperactivo, de modo que esa persona transmitió sus propios miedos, inseguridades y ansiedades.

Si no somos conscientes de nuestro crítico interior, podemos pensar que su voz no es más que la manera como nos hablamos a nosotros mismos. Ni tan siquiera reconocemos sus comentarios constantes. Una vez que somos conscientes de esta parte de nosotros mismos —una vez que reconocemos que es, de hecho, un yo entre otros muchos—, podemos empezar a experimentar cierto alivio. Podemos respirar profundamente más a menudo y relajarnos ocasionalmente.

En el momento en que tenemos esta conciencia, la sanación comienza, y empezamos a llevar a cabo elecciones conscientes y a encontrar el equilibrio en nuestras vidas. La mejor manera que hemos hallado de tratar con nuestro crítico interior consiste en decir, sencillamente: «Gracias por compartirlo», o «Te escucho y voy a pensar sobre lo que me estás diciendo». Esto ayuda a neutralizar la intensidad del pensamiento crítico y cambia inmediatamente la energía para que otra voz o yo más equilibrado pueda hacer acto de presencia.

Los contrarios al crítico interior tienden a ser yoes que son más despreocupados, tolerantes o espontáneos. En una relación, la pareja de quien tenga un crítico interior fuerte llevará consigo, probablemente, estas energías. De todos modos, quien mantenga una relación con alguien que tenga un Crítico Interior fuerte también puede mostrarse crítico con esa persona (he aquí el juez), y esto apoya y perpetúa las creencias del crítico interior de dicha persona.

EL PROTECTOR/CONTROLADOR

El protector/controlador está al timón —en el asiento del conductor, en realidad— de nuestro grupo interior de yoes principales y es la fuerza conductora de nuestro ego o personalidad. Su «tarea» empieza cuando nacemos, cuando somos vulnerables y dependemos totalmente de quienes nos rodean. El protector/controlador evalúa nuestro entorno y a nuestros cuidadores y determina la mejor manera en que debemos comportarnos para que veamos satisfechas nuestras necesidades y nos encontremos emocional y físicamente seguros. A medida que crecemos y nos desarrollamos, refuerza los aspectos de los yoes principales que crecen en nuestro interior. De manera similar al hacedor de reglas, el protector/controlador hace esto por medio de establecer normas que nos permitan evitar todo aquello que sea potencialmente nocivo para nosotros. De este modo, podemos acabar por volvernos muy restrictivos. Este yo es muy precavido a la hora de acometer o intentar cosas nuevas, y puede evitar que asumamos riesgos o experimentemos.

En general, el protector soltará su control progresivamente cuando sienta que estamos asumiendo una responsabilidad correcta por nosotros mismos. Es un yo sensible y reacciona, o se ve activado, por el nivel de amenaza que experimentamos. Cuanto más dramáticos sean nuestros años de formación y nuestra infancia, más intensa será esta respuesta. En cambio, cuanto menos dramáticas sean nuestras experiencias tempranas, más neutral será este aspecto, y más cómodos nos sentiremos en nuestras vidas cotidianas.

Todo el mundo tiene un protector/controlador, el cual puede experimentarse de distintas maneras en las relaciones. Por ejemplo, si uno tiene un cuidador fuerte, el protector/controlador se asegurará de que aquel haga muy bien su trabajo; nos preocuparemos por los demás y pensaremos siempre en ellos, con el fin de no vernos rechazados ni abandonados. Esto puede ir más allá de la necesidad de ocuparse de los demás y convertirse en un mecanismo de seguridad. Comprender esta dinámica es muy útil a la hora de resolver conflictos o discusiones con quienes nos rodean, especialmente cuando nos sentimos frustrados y atascados. Cuando reconocemos el protector/controlador de nuestra pareja, podemos ver que ella, en última instancia, no está intentando controlarnos, sino que necesita tener una sensación de control en su interior.

El protector/controlador también puede aflorar en el contexto de una terapia o de una facilitación (como veremos en el capítulo dedicado a esta), actuando como guardián. Una manera en que esto se manifiesta es cuando una persona tiene dudas en cuanto a lo que se le pide hacer o en cuanto a aquello sobre lo que se le pide hablar, de modo que se protege o es difícil conectar con ella. Si ocurre esto, sea en un entorno terapéutico o en una conversación con un amigo íntimo, maneras útiles de aliviar la tensión o suavizar la necesidad de protección consisten en preguntar: «¿Tienes dudas en este momento?», «¿Qué sientes justo ahora?» o «¿Qué te preocupa que pueda pasar?». A veces este yo puede tranquilizarse una vez que tiene la oportunidad de expresar sus preocupaciones en voz alta y tú eres capaz de escucharlas y respetarlas.

Si la sensación de resistencia persiste, puede ser mejor dejar la conversación por un rato y volver a intentarlo después. Ten en mente que el protector/controlador está actuando de esta manera por un motivo, siguiendo una norma específica. Probablemente necesita proteger a otro yo, o bien se siente vulnerable.

EL YO RESPONSABLE Y EL YO COMPETENTE

El yo responsable es la parte de nosotros que asume la total responsabilidad de distintas áreas de nuestras vidas. Se asegura de que todo lo que tiene que hacerse sea hecho. Gestiona nuestros compromisos, establece citas y hace que realicemos todos nuestros cometidos hasta el final. Comprueba dos veces nuestras listas de tareas por hacer y nos señala la dirección correcta cada mañana.

El yo competente está íntimamente relacionado con el yo responsable, hasta el punto de que los exponemos juntos, puesto que son casi intercambiables. El yo competente es capaz de todo, consigue hacer muchas cosas y las hace todas bien. Ambos yoes están vinculados con el logro, desde el momento en que se hallan inherentemente orientados hacia unos objetivos y valoran el éxito y el reconocimiento. Las palabras *¡buen trabajo!* suenan como música a los oídos de cualquier buen yo responsable y competente.

Estos yoes ven cuándo las cosas tienen que hacerse y cuándo no se han hecho correctamente. Asumen la responsabilidad de muchas áreas ajenas a nuestras propias vidas y es probable que se impliquen en proyectos, asuman compromisos y trabajen en comités o con grupos comunitarios. ¡Constituyen unos voluntarios excelentes!

Las personas con un yo responsable y un yo competente fuertes son confiables y encuentran roles, en sus relaciones y vidas laborales, en los que se depende de ellas. Puede ser magnífico mantener una relación con alguien que tiene un yo responsable y un yo competente fuertes. Ellos planifican todo, se aseguran de que las cosas se hagan, organizan los viajes y completan los proyectos familiares. También es probable que sean quienes establezcan las citas con el médico, velen por el cumplimiento del calendario familiar y paguen las facturas. El compañero de la persona con un yo responsable fuerte a menudo asumirá también una responsabilidad total en la relación; llevará la atención a lo que necesite trabajarse o mejorarse.

Sin embargo, en los casos en los que hay un gran desequilibrio, ambos pueden acabar por sentirse resentidos. La persona con el yo responsable y el yo competente fuertes puede sentir que su compañero es «perezoso», que no hace lo esperable o que no se preocupa lo suficiente. A su vez, el otro puede sentirse ahogado o controlado por la toma de decisiones bienintencionadas por parte del primero, o irritado frente a alguien que siempre lo sabe todo y lo hace todo muy bien. Cuando el yo responsable y el yo competente son hiperactivos, tenderán a tomar el control de la vida de la otra persona, organizando lo que debe hacer y diciéndole cómo debería hacerlo. ¡Y esto, por supuesto, no es generalmente muy del agrado de la persona!

Puesto que ambos yoes traen una energía de «hacer», sus contrarios traen una energía de «ser», que puede experimentarse como positiva o como negativa. El lado positivo es despreocupado, tranquilo, relajado, espontáneo, creativo, emocional y sensible. El negativo es irresponsable, retraído, apático, rebelde, no rinde ni se esfuerza lo suficiente y le falta iniciativa. Cuando en una relación se produce un desequilibrio con alguien que tiene un yo responsable y un yo competente fuertes, la clave (como en el caso de todos los yoes) es reconocer esta hiperidentificación y abrazar las energías opuestas que son apropiadas para la situación dada.

Si nuestra pareja se está sintiendo «asfixiada» por nosotros, por ejemplo, podemos dar un paso atrás y permitirle que sea más ella misma, que se sienta más libre. Si nos decimos a nosotros mismos que siempre somos quienes lo tenemos que hacer todo, podemos permitir que nuestras parejas hagan cosas a su manera y tomarnos tiempo para enfocarnos en nuestras propias necesidades o en nutrirnos a nosotros mismos.

EL RACIONALISTA Y EL CONOCEDOR

En la psicología de los yoes, definimos al racionalista como la parte de nosotros que está siempre pensando, analizando, interpretando. Su trabajo es comprender todo lo posible cómo funcionan las cosas y evaluar y aprender de las personas, las situaciones y el mundo que nos rodean. Este yo puede constituir un talento brillante y una herramienta increíble, vital para nuestra existencia y nuestra mismísima supervivencia. Nos referimos a él como racionalista porque sus evaluaciones y respuestas son racionales, lineales, pragmáticas, impersonales, bien pensadas y correctamente analizadas. El racionalista es un yo principal habitual, especialmente en el mundo occidental, donde este enfoque de la vida es altamente valorado y codiciado.

Un yo muy cercano a este es el conocedor. Su función es comprender y analizar, y también confía en lo que sabe. Alguien dotado de un conocedor fuerte puede volverse bastante altanero. Sabe sobre la vida en general y también conoce todas las respuestas a todas las preguntas específicas que puedan surgir. Este yo puede manifestarse en varias áreas de nuestras vidas, incluidas la psicológica y la espiritual.

El conocedor psicológico analiza a las personas y las relaciones en particular. Este «yo» ve dentro de las motivaciones individuales (normalmente la pareja o aquel con el que se está en conflicto); analiza la «historia» de las personas y cómo esto las afecta a ellas y a sus relaciones.

El conocedor espiritual sabe la «verdad» sobre creencias espirituales o religiosas por sí mismo, y también lo que es correcto para todos los demás. Puesto que siempre «conoce», también tiene siempre la «razón». En todo momento tiene las respuestas correctas y sabe cuál es la manera adecuada, así como los «verdaderos» sentimientos y trabajos internos de la persona que está analizando. Es fácil decir cuándo el conocedor de alguien está activo, porque este habla en términos absolutos y hace afirmaciones absolutas —«Estás sintiendo *esto*», o «Siempre/nunca haces *aquello*»...–. El conocedor siempre cree que su punto de vista es «verdadero» y «correcto».

Como todos los demás yoes, el racionalista y el conocedor están intentando ayudarnos o mantenernos a salvo, en este caso por medio de «conocer». Nunca quieren que nos hallemos en una situación para la que no estemos preparados, y perciben que «no saber» nos hace vulnerables a las críticas, el fracaso, las situaciones embarazosas y el rechazo. El racionalista también quiere asegurarse de que estemos seguros y bien atendidos; analiza cada situación y sopesa todas nuestras opciones para que podamos tomar la mejor decisión posible. Ambos yoes tienen muchos atributos positivos y valiosos; sin estos aspectos, no seríamos capaces de transitar por la vida.

El racionalista y el conocedor no comprenden realmente las emociones ni los sentimientos, ni a las personas que se rigen más por ellos que por la razón. Estas personas pueden ser descritas por parte de estos yoes como «emocionales» — al ser analítico, el racionalista se refiere a las emociones en un contexto intelectual y, por tanto, intelectualiza los sentimientos de los demás–. Saben lo que *piensan* que está sintiendo la otra persona, pero no con sus propios sentimientos o compasión. Cuando alguien está demasiado identificado con su yo racionalista y su yo conocedor y el otro está intentando explicar cómo se siente o por qué sus sentimientos se han visto heridos, esto da lugar a una conversación difícil, que conduce a menudo a una discusión. El racionalista y el conocedor tenderán a minimizar o rechazar los sentimientos de la otra persona, porque no pueden comprenderlos o relacionarse con ellos. En este contexto, la persona a menudo sentirá que no se la escucha y, posiblemente, que es «incorrecto» por su parte tener esos sentimientos.

Este ejemplo deja claro por qué comprender los distintos yoes puede ayudarnos no solo a entender nuestras propias reacciones, sino también las de las otras personas. Necesitamos explorar cada uno de estos yoes, incluidos sus «opuestos», con el fin de poder explicar mejor nuestros sentimientos y tener compasión por los demás. Si nos identificamos demasiado con el racionalista y el conocedor, deberíamos procurar experimentar el yo emocional que representa el enfoque contrario al de estos.

Cuando estamos demasiado identificados con estos yoes, sobrevaloramos el pensamiento y el procesamiento intelectual. Esto puede evitar que experimentemos otros aspectos de la vida, especialmente la intimidad en nuestras relaciones. Experimentamos intimidad por medio de nuestros sentimientos, emociones, vulnerabilidad y humildad. Si siempre «sabemos», lo más probable es que no estemos escuchando, y la escucha es una clave fundamental de las relaciones satisfactorias.

Experiencias como la creatividad o la espontaneidad también son difíciles para nosotros cuando nos hallamos identificados con nuestro racionalista. Este yo tiende a analizar la manera correcta de hacer algo en vez de dejar que fluya el proceso creativo o de permitir que un error tenga lugar en una obra de arte. Una actividad espontánea puede ser contraria a la manera que tiene el racionalista de planificar, pensar o analizar las opciones.

Los opuestos al racionalista y al conocedor son generalmente yoes centrados en el hecho de «ser», incluidos aquellos que están conectados con nuestras emociones e intuición, los yoes creativos y expresivos y los espontáneos, de espíritu libre. Estos yoes tienen la clave del equilibrio de nuestras vidas cuando descubrimos que estamos demasiado identificados con nuestro racionalista. Sus energías a menudo las traen o expresan nuestras parejas, nuestros familiares e incluso nuestros compañeros de trabajo cuando tenemos al racionalista y al conocedor como yoes principales.

EL COMPLACIENTE Y EL CUIDADOR

El complaciente es la parte de nosotros que encuentra absoluta satisfacción en complacer a los demás. Está totalmente enfocado en las otras personas y quiere hacerlas felices. Puede ser muy intuitivo, incluso puede estar superalerta a la hora de evaluar cómo se siente una persona y la mejor manera en que podemos actuar con ella o comportarnos en una situación dada. También es muy bueno a la hora de captar lo que se espera de nosotros y asegurarse de que cumplimos estas expectativas, de modo que los otros estén satisfechos con nosotros y con nuestro trabajo. El complaciente tiene una cualidad pasiva; responde a los demás o se inspira en ellos en vez de tener su propio programa.

El cuidador es un yo que está enfocado también en los demás. Quiere asegurarse de que aquellos que se encuentran a nuestro alrededor están bien atendidos y de que sus necesidades se ven cubiertas. Siempre mira hacia delante; anticipa las necesidades que pueden surgir y atiende a la otra persona antes de que esta tan siquiera sepa lo que necesita. Asume todo tipo de tareas y responsabilidades por los demás. También cuida de los que están enfermos, ayuda a quienes lo necesitan y es sensible al dolor de las otras personas. El complaciente y el cuidador se solapan de tantas maneras que son inseparables, y generalmente trabajamos con los dos a la vez.

Ambos quieren asegurarse de que gustamos a quienes nos rodean, y se ven motivados por el reconocimiento y la aprobación. Se sienten muy bien cuando los demás reconocen sus esfuerzos. Estos yoes sintonizan muy bien con los sentimientos y emociones de las otras personas. Existen para agradar y servir.

Al estar sintonizados con las necesidades y sentimientos de los demás, también son sensibles a sus disgustos y decepciones. Son serviciales y nunca quieren tener un desacuerdo con alguien o decepcionarlo. No pueden tolerar el conflicto o la discordia. Lo peor para el complaciente y el cuidador es que alguien piense que hicieron algo mal o esté decepcionado con ellos. Están tan solo enfocados en la felicidad de los demás y no tienen en cuenta lo que *nosotros* podemos necesitar o querer. No consideran si una situación está o no bien para nosotros, los poseedores de dichos yoes.

Cuando mantienen una relación, quieren ocuparse de su pareja para que sea feliz. A un complaciente y un cuidador fuertes a menudo les gustará lo que le guste a su pareja y harán lo que su pareja haga. Esto puede hacer sentir bien al otro. A la gente le agrada, y se siente querida, cuando alguien se enfoca en sus necesidades y le dedica atención. Sin embargo, cuando el complaciente y el cuidador están desequilibrados, esta atención puede sentirse excesiva, incluso asfixiante. Su motivación subyacente es que su pareja los ame, no los rechace y nunca los abandone. Pero un cuidado intenso puede desempoderar al compañero, al quitarle la libertad de ocuparse de sí mismo.

Alguien con un complaciente y un cuidador fuertes puede advertir que se siente perdido en la relación y luchar para ocuparse de sí mismo y sus propias necesidades. ¡Aunque ni tan siquiera sepa que tiene necesidades! Con estos yoes fuertes, no puedes tener pensamientos, sentimientos o creencias opuestos, porque no quieres experimentar el conflicto o arriesgarte a que alguien se decepcione contigo. Habitualmente, las personas que cuentan con un complaciente y un cuidador fuertes se ponen enfermas, se encuentran fatigadas o experimentan migrañas y cefaleas tensionales a menudo, a causa del estrés. Puesto que su foco principal está en los demás, el mensaje que mandan es que es egoísta hacer algo para uno mismo o que es una indulgencia que uno se tome un tiempo para hacer algo que lo haga feliz. Es así como nos quedamos con la sensación de estar atrapados y ser infelices.

Si las cosas son así para nosotros, ¡los yoes opuestos pueden sernos muy útiles! El primer paso a la hora de encontrar el equilibrio es ser conscientes de que el complaciente y el cuidador son yoes. Sí, podemos ser amables y considerados, pero si nos sentimos atrapados —si nos sentimos obligados a ser agradables y cuidar de los demás todo el tiempo—, estos yoes están dirigiendo el espectáculo. Una vez que reconocemos esto, otras energías hacen su aparición casi de inmediato.

Los yoes opuestos al complaciente y al cuidador a menudo velan por los propios intereses y el cuidado de uno mismo. Cuando una persona está encerrada en el complaciente y el cuidador, ve el hecho de ocuparse de sí misma como egoísta. Muy a menudo, culpa a la otra de ser egoísta y de estar centrada en sí misma. Si ponemos consciencia, vemos que en realidad es saludable y útil que nos enfoquemos en nosotros mismos, puesto que así podemos recargarnos y, en última instancia, tenemos más por dar.

Otras cualidades opuestas pueden incluir hablar de manera directa y poner límites. La persona puede poner énfasis en un yo más separado o impersonal, o más introvertido y calmado. Estas cualidades son las que trae a menudo la persona que mantiene una relación con otra con un complaciente y un cuidador fuertes.

EL YO FAMILIAR (EL BUEN PADRE, EL BUEN HIJO, EL BUEN HERMANO)

Tenemos muchos yoes «buenos» dentro de nosotros; yoes que quieren cuidar de los demás, sostenerlos, proveerlos y complacerlos. Cuando estos yoes se expresan con una cualidad familiar, nos referimos a ellos por la clase de papel que encarnan. A la cualidad de cuidar a los hijos o velar por ellos se la conoce como buena madre o buen padre. Cuando este yo se expresa con las características de la escucha, seguir las directrices y servir nos referimos a él como buena hija, buena hermana, buen hijo o buen hermano. Tenemos estos yoes dentro independientemente de cuáles sean nuestras relaciones familiares en la actualidad. Es decir, no necesitamos ser madres para poseer el yo de la buena madre. Además, expresamos estos yoes en todas nuestras relaciones, no solo con los familiares consanguíneos.

He aquí un ejemplo: ya hemos hablado del cuidador, un yo que procura atender las necesidades de los demás, tanto físicas como emocionales. Cuando una mujer con una buena madre fuerte tiene que ocuparse de los demás, combina sus cuidados con la ternura, con la solicitud amorosa o con el cariño, como haría una madre. Una persona que esté demasiado identificada con su buena madre podría girar de la bondad al control y la manipulación, y sus intentos de gestionar las vidas de los demás podrían ser asfixiantes para las personas que reciban su cariño.

Un buen padre es un hombre que proporciona lo necesario a su familia o equipo, o que opera bajo la creencia de que es su papel y obligación cuidar de quienes le rodean. Una persona demasiado identificada con su buen padre podría asumir una cantidad desproporcionada de responsabilidad por los demás y podría aparecer como rígida y contundente.

Un buen hijo o hija, o un buen hermano o hermana, actúan a partir de la obediencia o el deber. Creen que están haciendo lo correcto al seguir las instrucciones, normas y directrices de los padres o los jefes. Pueden no desafiar o no hablar con franqueza a alguien que perciban que está por encima de ellos o en una posición de autoridad. Su intención es servir y seguir las directrices, así como complacer y apreciar a quienes los cuidan y los mantienen. Lo más frecuente es que el yo del buen padre de una persona mantenga una relación con el del buen hijo de otra persona. Esto puede tener lugar en las relaciones familiares, así como en las laborales y en las íntimas.

Un ejemplo de esto en el terreno laboral lo tenemos cuando alguien que ejerce de supervisor tiene un buen padre como yo principal. Cuida de todos y se asegura de que estén felices. También está enfocado en el equipo y trabaja duro para cerciorarse de que todos cumplan con sus objetivos. Se asegura de que sus empleados estén bien recompensados y, aunque esté enfocado en los resultados, quiere garantizar que todos consigan también sus metas individuales. Algunos de sus empleados tendrán, probablemente, un yo del buen hijo fuerte. Se asegurarán de que reciba sus informes de la manera en que le gusta, pensarán en aquello que necesita incluso antes de que pregunte por ello y serán meticulosos a la hora de planificar su calendario y sus citas. Se sienten orgullosos de servirlo y atenderlo, y como contrapartida son apreciados y bien pagados. Esta relación no es más que un intercambio entre los yoes del cuidado y la solicitud con los que tienen un fuerte sentido del deber.

Estos patrones o modelos funcionan a menudo muy bien en las familias y lugares de trabajo. Pero no funcionan adecuadamente cuando, por ejemplo, una buena hija se siente como si no tuviera elección y no puede formular o expresar sus necesidades, o cuando tiene miedo de romper las reglas o decepcionar a aquellos a quienes está sirviendo. También, un buen padre puede sentir que no da la talla si no es capaz de asegurar el porvenir de su familia de la manera en que cree que debería hacerlo. O puede sentir una especie de decepción con el yo de buena hija de su esposa. Asimismo, una buena madre puede volverse exigente y crítica con su marido. O un buen hijo sentirse rechazado o sentir que no cumple con las expectativas depositadas en él.

Como todos los yoes, estos también están a nuestro servicio. Cuidan de nosotros, nos mantienen a salvo y nos ayudan a cuidar de quienes nos rodean. Sin embargo, cuando se encuentran desequilibrados pueden volverse restrictivos o atenazadores, con lo que limitan nuestra intimidad y experiencia de la alegría. A menudo, la clave para sentirnos más libres de las presiones impuestas por un «buen familiar» consiste en dirigir nuestra atención hacia dentro y cuidar de nosotros mismos, ser un buen padre para nosotros mismos, validar nuestros propios sentimientos y sentirnos bien con el trabajo que estamos haciendo y con cómo lo estamos haciendo. Al ocuparnos de nosotros mismos, nos llenamos, y aliviamos la necesidad de que los demás cuiden de nosotros o de cuidar de ellos desde un lugar de ansiedad o carencia.

EL AUTORITARIO Y EL REBELDE

El autoritario y el rebelde son yoes opuestos que constituyen las dos caras de la misma moneda. Habitualmente los ponemos juntos porque, en varios sentidos, son inseparables. A menudo reflejan el mismo proceso interno, que proyectamos al mundo exterior. Quienes tienen un fuerte rebelde como yo principal lo más probable será que reaccionen contra las normas, la autoridad, los profesores, los legisladores o la policía, o contra las personas que perciben como controladoras, paternalistas o mandonas. Desean ser independientes, librepensadores y arriesgados, y no quieren conformarse o verse restringidos o atados por las normas de nadie. Probablemente fueron criados por alguien que tenía un yo principal autoritario, o en un entorno donde existía mucho control. Puede ser que tuvieran padres que les estuvieran mucho encima, de un modo asfixiante, o que los sometieran a una gran disciplina, hasta el nivel del maltrato. En algún punto se sintieron controlados, asfixiados y carentes de poder, y su solución para escapar del dominio de la otra persona fue reaccionar negativamente y tomar el control de su propia vida, confiando solo en sí mismos y siguiendo sus propias ideas y dirección.

Por otra parte, una persona con un yo autoritario fuerte es alguien que tiene unas normas de comportamiento bien definidas y un fuerte sentido de lo que es correcto e incorrecto, especialmente en relación con los demás. Estas personas también tienen la expectativa de que quienes las rodean sigan sus normas, se mantengan por el camino que trazan para ellas o se comporten de acuerdo con sus creencias. Esta actitud es semejante a la de algunos otros yoes arquetípicos, como el hacedor de reglas, el conocedor y el crítico interior. Lo más probable es que una persona que tenga un rebelde o un autoritario como yo principal esté también demasiado identificada con estos otros arquetipos y los utilice para reforzar sus ideas y lo que piensa que es correcto.

La razón por la que vemos estos dos yoes como las dos caras de la misma moneda es que si proyectas un yo rebelde fuerte en el mundo, lo más probable es que tengas activo un fuerte yo autoritario dentro de ti, tanto si eres consciente de esta voz como si no. Lo más frecuente es que una voz interiorizada le esté diciendo a la persona qué debe hacer, cómo debe ser y qué es lo correcto e incorrecto, y que esa persona no pueda hacer nada que se salga de la «norma» definida por esa voz. El que actúa como rebelde intenta a menudo dominar o controlar a la vez que se siente controlado por el yo autoritario, el cual refuerza sus reglas por medio de los mensajes internos que lanza continuamente. En los días de las cintas de casete, llamábamos a esto «la cinta que se está reproduciendo en tu cabeza» (y, antes de eso, «el disco rayado que reproduce lo mismo una y otra vez»). Al fin y al cabo, el yo rebelde es una voz interior que le dice a la persona que se comporte de una determinada manera, en vez de que se lo diga otra persona o una autoridad externa.

Aquel con un autoritario fuerte encontrará inevitablemente el rebelde en otros. A medida que ejerce su voluntad o su poder sobre los demás, o que les quiere imponer sus ideas, los otros se vengan o se retiran. Con esto solo se consigue que el yo autoritario sea más fuerte, que se vuelva aún más obcecado. Así como el autoritario está dentro del rebelde, el rebelde está dentro del autoritario, donde colabora con el crítico interior y otros yoes arquetípicos. El yo rebelde permanece desafiando las ideas, la autoridad y el poder del yo autoritario principal, aunque es probable que se encuentre en la sombra. Cuantas más dudas albergue la persona en su interior, con más fuerza ejercerá el yo autoritario su voluntad sobre los demás.

Es importante advertir que un rebelde reactivo o un autoritario controlador no actúan necesariamente de una manera agresiva. Negarse a dar a los demás, ignorarlos o rechazarlos también son maneras en que actúan tanto el rebelde como el autoritario. Ambos pueden ser pasivo-agresivos, competitivos y manipuladores. A veces se manifiestan de formas evidentes, pero muy a menudo presentan unas reacciones y comportamientos más sutiles.

La integración: la conciencia y la atención

El motivo más importante por el que trabajar con los yoes que hemos negado es que podamos llevar a cabo elecciones conscientes en nuestras vidas. Si estoy encerrado en una única manera de estar en el mundo o de manejar una situación, estoy atascado en una posición predeterminada y seriamente limitado en cuanto a mis respuestas y opciones. Una vez que soy capaz de acceder a todas las partes de mí mismo, puedo llevar a cabo una elección consciente sobre cómo manejar una situación o tomar una decisión. Estoy abierto a recibir ideas por parte de los distintos yoes; es como si estuviera consultando con un grupo de amigos sabios todos los cuales velan por mis mejores intereses.

Una vez que experimentamos el diálogo con estos yoes, podemos ver cómo trabajan juntos, y explorar cuáles hemos negado y cuáles podrían ser nuestros yoes principales. Si ponemos conciencia, podemos cambiar la manera como estos yoes condicionan nuestras vidas, y esto influirá sobre las decisiones que tomemos.

Una vez que nos demos cuenta de que es nuestra voz interior la que nos está diciendo que nos comportemos de cierta manera o que sigamos ciertas reglas, podemos reducir nuestras reacciones instintivas ante las personas o las situaciones, y de ese modo abordar el miedo que nos está provocando sentimientos de inseguridad o incapacidad. Cuando empezamos a ver qué yoes han sido los más importantes en nuestras vidas, esta misma conciencia nos ayuda a separarnos de ellos. Una vez que podemos distanciarnos de nuestros yoes principales, podemos experimentar otras energías de las que nos hemos visto separados y encontrar una nueva intimidad en nuestras relaciones por medio de una sensación de paz y equilibrio que proviene de reconocer y abrazar todos los otros yoes que tenemos dentro.

Cuando empezamos a abrazar todos nuestros yoes, nos vemos abocados al profundo trabajo interior de integrar todos los que teníamos en la sombra en la plenitud de nuestras vidas. Aunque hayamos negado estas energías, a menudo no están enterradas o inactivas, sino que nos influyen y nos causan todo tipo de problemas.

Si un aspecto es desconocido para nosotros, a menudo sentimos un profundo alivio cuando accedemos a esta energía y la experimentamos cada vez más en nuestras vidas. De todos modos, hemos negado muchos aspectos a causa del dolor asociado con ellos. A menudo nos sentimos heridos por haberlos expresado, o fuimos condenados al ostracismo o rechazados, y esto significa que necesitamos ser amables, pacientes y bondadosos con nosotros mismos cuando sacamos nuestros yoes ocultos a la luz de nuestra conciencia.

Practicar la separación respecto a las principales formas en que estamos en el mundo nos permite acceder más fácilmente a estas energías. Requiere práctica abrazar estas energías en nuestro interior. La clave es conservar en mente la intención de que estamos creando el espacio para su expresión en nuestras vidas y relaciones.

Aprender sobre los yoes hace que percibamos mejor nuestro mundo interior, y este es el primer paso hacia hacernos conscientes. A menudo me encuentro con que los participantes en mis talleres acuden con la idea de que hacerse conscientes es una gran empresa y un trabajo serio, incluso doloroso. O acaso vengan de una tradición en la que hacerse consciente implica meditar en silencio o rezar en contemplación, con una connotación trascendente. Yo misma tenía algunas de estas ideas antes de implicarme con este trabajo. Actualmente mi comprensión en cuanto a hacerse consciente implica, sencilla y profundamente, adquirir conciencia de lo que está aconteciendo en nuestro interior en el momento. Al hacer esto, nos volvemos conscientes de quiénes somos.

Para hacer esto adoptamos una visión desprovista de juicios, abierta de mente, y simplemente observamos qué es lo que nos motiva, cómo actuamos y qué sentimos, y después investigamos de dónde provienen estas ideas y comportamientos. A medida que escuchamos, aprendemos y aceptamos estas verdades nos descubrimos a nosotros mismos, desarrollamos una base sobre la que construir. Podemos decidir qué nos sirve o qué puede estar frenándonos. Podemos utilizar las herramientas de este libro para celebrar quiénes somos y tener compasión por quiénes somos. Al tener cada vez una mayor conciencia, podemos llevar a cabo elecciones conscientes sobre quiénes somos, cómo queremos ser, cómo mantener nuestras relaciones y cómo estar en el mundo.

ESCUCHARNOS A NOSOTROS MISMOS

A medida que aprendemos más sobre los distintos yoes que tenemos dentro, el primer paso hacia hacernos conscientes de ellos es escucharnos a nosotros mismos con atención. Podemos oír en nuestra propia voz (cuando hablamos no solo con los demás sino también con nosotros mismos) las ideas, comportamientos, actitudes y juicios de estos yoes, y reconocer cuándo estos yoes están interactuando con las personas que están presentes en nuestras vidas. También podemos aprender a reconocer cómo suenan estos yoes y qué dicen. Después, cuando nos sorprendemos a nosotros mismos usando unas palabras o frases específicos, podemos decir que es un cierto yo o una determinada parte de nosotros la que está hablando.

Esto es especialmente fácil de advertir cuando estamos quejándonos o discutiendo. Por ejemplo, podemos escucharnos a nosotros mismos decir, o pensar: «¡Este espacio es un caos! ¡Nunca recogen sus cosas! ¡Siempre me toca limpiar!». Sobre todo cuando empleamos las palabras *nunca* y *siempre*, podemos estar seguros de que se trata de un yo que está despotricando. Cuando hablamos a través de un yo, nos mostramos unilaterales ¡y siempre tenemos la razón, por supuesto! Tendemos a hablar en absolutos y a formular declaraciones o exigencias. Estamos fuera de nuestro equilibrio cuando hablamos desde un yo principal.

En cambio, cuando estamos en un espacio de consciencia, podemos ver los distintos aspectos de una situación y adoptar un punto de vista más neutral. Gracias a la consciencia, también podemos ver qué está ocurriendo en nuestro interior, y esto nos permite equilibrar nuestro punto de vista.

Nuestra capacidad de comunicarnos mejora drásticamente una vez que empezamos con este trabajo. Tenemos acceso a las distintas partes que albergamos, y esto nos permite ser empáticos y comprensivos cuando estamos escuchando a otra persona, particularmente alguien cercano. También tenemos más conciencia sobre cómo nos estamos comportando o en cuanto a por qué puede ser que estemos actuando de una determinada manera. Gracias a esto, permanecemos más equilibrados cuando nos estamos comunicando.

El aspecto más importante a la hora de hacernos conscientes de «quién» está hablando es, por tanto, escucharte a ti mismo. Adoro la expresión «no es lo que dices; ¡es quien lo dice!». Por ejemplo, incluso si tenemos que formular una puntualización legítima, si hablamos desde nuestro yo principal, esta puntualización sonará como si estuviésemos juzgando a la otra persona, y no será tan bien recibida. Si tenemos un yo principal responsable y uno competente, probablemente enjuiciarán a quienes nos rodean cuando no estén siendo responsables o competentes (de acuerdo con nuestro yo responsable). Una madre puede decirle a su hijo: «¿Podrías por favor ordenar tu habitación?». Pero lo que oye el chico es, a causa de los gestos, el tono y las expresiones de ella: «¡Tu habitación es un desastre! Eres un perezoso e irresponsable por vivir de esta manera». Sin que ella se dé cuenta, su yo principal está juzgando a su hijo por no ordenar su habitación. Se presenta como una madre controladora y crítica, y lo más probable será que el chico adopte un yo contrario y se muestre respondón o a su vez la critique, para vengarse.

Si la madre puede escucharse a sí misma con conciencia, oirá qué está ocurriendo en su interior. Tal vez llegó a casa estresada, se siente saturada o no ha pedido ayuda y se ve incapaz de hacerlo todo. Está culpando a su hijo de no ayudar, pero ahora se da cuenta de que lo que tiene que hacer es pedir ayuda, de tal manera que pueda tratarse mejor a sí misma. Con esta nueva conciencia, puede comunicarse con su hijo desde este lugar: «Lo siento. No estoy enfadada contigo, pero necesito un poco de ayuda extra hoy. ¿Puedes por favor ordenar tu habitación antes de la cena?».

HABLAR CON LOS YOES

Descubrir qué es lo que nos está motivando —qué es lo que nos está impulsando en una cierta dirección— y adquirir conciencia sobre lo que puede estar frenándonos, incluso «saboteándonos», está en el núcleo de este trabajo con los yoes. Escuchar los rasgos con los que nos sentimos más cómodos y sus contrarios es una manera útil de empezar este proceso. Nos permite echar una ojeada a quiénes somos y en quién tenemos el potencial de convertirnos.

Con el fin de descubrir y experimentar estos aspectos como yoes y dar voz a estos sentimientos, utilizamos una técnica denominada «facilitación». La facilitación es una práctica consistente en entrevistar a un yo. Nos sentamos y hablamos con este yo, de modo que aprendemos sobre sus pensamientos, prioridades, preocupaciones y funciones. Al hacer que nuestra perspectiva sea la suya, experimentamos cómo sentimos la energía de este yo en nuestro cuerpo y cómo nos sentimos cuando pensamos y actuamos según sus iniciativas. Este proceso nos ayuda a reconocer cuándo un determinado yo está dirigiendo el espectáculo y nosotros nos hemos convertido en unos meros espectadores de nuestra propia vida, en vez de ser sus protagonistas.

Cuando entramos en contacto con nuestro proceso interior y tenemos acceso a los distintos aspectos que albergamos, nuestra comunicación se vuelve equilibrada y auténtica. En la cuarta parte veremos más cabalmente cómo usar la facilitación y otras herramientas con el fin de mejorar nuestras relaciones.

Parejas: el papel especial de las relaciones románticas

A lo largo de este libro hemos hablado de distintos tipos de relaciones, no solo las románticas. De todos modos, muchos de nosotros estamos tratando de obtener una mayor intimidad o crear una conexión más profunda con nuestra pareja. En este capítulo quiero tratar aspectos que son específicos de las relaciones románticas, de pareja.

Veamos primero cómo se despliega habitualmente una relación romántica. ¿Qué ocurre? A veces nos sentimos atraídos por una persona que es muy diferente de nosotros. Puede ser que nos fijemos en alguien en concreto en medio de una multitud. Acaso no sepamos exactamente por qué elegimos a esa persona. Puede tratarse de amor a primera vista, o puede producirse un cambio gradual de la amistad a la relación romántica. A veces tenemos una reacción de oposición hacia alguien. Sentimos desagrado o irritación al comienzo, pero con el tiempo esas impresiones cambian, y esas mismas cualidades que primero rechazamos pueden volverse atractivas para nosotros. En cualquier caso, e independientemente de cómo se desarrollen, estos fuertes sentimientos de atracción nos conducen a querer estar más cerca de esa persona.

Cuando nos sentimos profundamente atraídos por alguien y nos permitimos empezar a intimar, nuestros sentimientos románticos pueden volverse más fuertes y podemos experimentar el extremadamente agradable y placentero sentimiento del enamoramiento. Cuando esto ocurre, los yoes principales, como el protector, el perfeccionista y el impulsor, sienten que todo está bien y que pueden aflojar un poco su control sobre nuestras vidas. El niño interior se siente querido, aceptado y cuidado gracias a toda la atención que los dos miembros de la pareja se dan el uno al otro en esta primera fase «acaramelada» de la relación. Durante esta etapa, puede ser que nuestra pareja no haga nada mal a nuestros ojos. Es tan amorosa y abierta, fuerte y hermosa, estable y confiable... Sentimos como si hubiéramos «muerto e ido al cielo».

A medida que la relación avanza, las complicaciones de la vida se entrometen en nuestro nido de amor y todo puede volverse más estresante. Las complicaciones en el trabajo, temas de dinero, problemas de salud y dificultades familiares pueden hacer acto de presencia. Estos factores externos siempre existieron, pero pudimos haberlos echado a un lado para focalizarnos en nuestro romance. Pero con el tiempo otras preocupaciones requieren nuestra atención y van goteando dentro de la relación. Puede resultar chocante ver cómo nuestro «compañero perfecto» se convierte de pronto en un ser humano, «con todos sus defectos». El adorable y carismático objeto de nuestros afectos puede ahora, a veces, mostrarse preocupado, distraído, retraído y emocionalmente inaccesible. En algunos momentos puede parecernos un extraño.

De pronto no nos sentimos tan felices y nuestro niño interior no se siente tan seguro. Los yoes principales a los que de alguna manera habíamos liberado de su trabajo, puesto que las cosas estaban yendo tan bien, enseguida regresan. Lo hacen por medio de volver a sus antiguos patrones, y en ese momento sentimos que la fase del acaramelamiento, o de la «luna de miel», ha concluido. Nuestros yoes principales se reafirman y reaccionan de las maneras en que siempre lo han hecho. Y, por supuesto, los yoes principales de nuestra pareja también regresan y reaccionan de las maneras en que están habituados a reaccionar, que son también las maneras en que prefieren hacerlo. Después de todo, estos comportamientos nos han ayudado a desempeñarnos por la vida hasta ahora. Cuando ocurre esto, las mismísimas cualidades que tanto amábamos y admirábamos en el otro pueden volverse molestas y desagradables. La atención encantadora que nos dedicaba nuestro amante puede empezar a sentirse asfixiante y controladora, o tal vez lo sintamos distante y ausente; depende de la estrategia adoptada por los yoes principales y de los yoes ocultos que se estén revelando.

Estos cambios pueden resultar tan hirientes que muchas parejas empiezan a dudar de la relación o a considerar la posibilidad de dejar a su compañero. Puesto que la relación parece ahora tan distinta, se preguntan si han ido a dar con la persona inadecuada. Por lo general, está claro que es el otro el que está «equivocado».

Muchas relaciones se acaban en este punto o entran en la dinámica de «ahora salimos, ahora no». También puede ser que la pareja permanezca junta pero se atrinchere en roles frustrantes; a menudo tiene lugar una dolorosa batalla entre opuestos, en que la pareja es víctima de las polarizaciones.

La siguiente historia muestra cómo este proceso puede desplegarse de una manera que acabe bien. Se trata del ejemplo de Lisa y Robert. Lisa es sociable y extrovertida. Le encanta estar con gente y tener la agenda llena. Le gusta encontrarse con los amigos a menudo, y valora las conversaciones significativas y las conexiones profundas. Relacionarse con los demás es muy importante para ella y dedica a ello gran parte de su tiempo.

Robert es más introvertido. Prefiere pasar mucho tiempo solo o con uno o dos amigos. Sus aficiones favoritas son leer, pasar tiempo con el ordenador o llevar a cabo largos paseos. Le encanta estar en la naturaleza y explorar los alrededores. Se siente conectado consigo mismo cuando está fuera, en la naturaleza. Le encanta salir de viaje en coche durante unos días y explorar por su cuenta.

Cuando Lisa y Robert se conocieron, se enamoraron locamente y adoraban estas cualidades uno del otro. A Lisa le parecía estupendo que Robert iniciara muchas actividades en la naturaleza y que valorara el hecho de que pasaran tiempo los dos juntos, a solas. Asimismo, admiraba que se tomara tiempo para estar consigo mismo, puesto que también encontraba esto útil, en el caso de ella misma. El deseo de él de tener tiempo para sí mismo también le daba a ella la oportunidad de estar con sus amigos y asistir a su habitual despliegue de distintas actividades.

Robert encontró a Lisa encantadora y comprometida. Su interés por él y por lo que hacía le hacía sentirse especial. Se sentía aliviado por el hecho de que ella se ocupara de planificar los compromisos sociales y las cenas con los amigos. Apreciaba estar con alguien que tuviera una vida activa; esto le dejaba mucho tiempo para estar consigo mismo y no sentía que tuviera que ser responsable de su pareja.

Lisa vio el valor de tomarse un tiempo para estar consigo misma y quiso disponer de más. Se sintió más calmada y conectada a tierra cuando empezó a tomarse tiempo para sí misma. Vio que ya poseía esas cualidades, pero también reconoció que necesitaba que estuvieran más presentes en su vida.

En el caso de Robert, estar con Lisa le hizo sentirse vivo y activo. Ella se esforzaba para conectar con los amigos y la familia, y Robert quiso que esta actitud estuviese más presente en su propia vida. Ambos reconocían sus mutuas cualidades como aspectos que admiraban y deseaban; vieron que estas maneras de ser aportaban un nuevo y mejor equilibrio a sus vidas.

La relación iba muy bien... hasta que tuvieron su primer desacuerdo. De la misma manera que podemos admirar a nuestra pareja y aprender sobre nosotros mismos a través de lo que nos refleja de positivo, también podemos aprender sobre nosotros mismos cuando vemos reflejos negativos. Cuando tenemos una discusión con nuestra pareja, o cuando estamos bajo la influencia de circunstancias externas –por ejemplo, cuando nos sentimos enfermos, cansados, agobiados por el trabajo, estresados y preocupados–, vemos lo negativo del otro y a menudo lo culpamos del «problema».

¡Nos volvemos conscientes, en un instante, de lo que está haciendo mal!

Cuando Lisa y Robert discutían, ella decía cosas como: «*Nunca* quieres salir. ¡Estás *siempre* con el ordenador!». Y él le respondía: «Y tú *siempre* quieres salir, salir, salir; no parar nunca. *Siempre* tienes gente alrededor. ¡*Nunca* pasamos tiempo solos!». Fueron experiencias dolorosas que hicieron que Lisa y Robert se sintieran muy mal. Sin embargo, podemos aprender de estos toma y dacas y encontrar información valiosa sobre nosotros mismos.

Esto requiere tiempo, y a veces espacio. Si ambos miembros de la pareja son capaces de pararse, volver a enfocarse en sí mismos y reflexionar sobre lo que están sintiendo, pueden empezar a tomar conciencia. Este proceso de concienciación nos brinda unas lentes para que podamos ver nuestro proceso interno, lo que nos conduce a cuidar de nosotros mismos y nos lleva hacia la sanación. Lo que fue una experiencia dolorosa en la relación se ve transformado en una conexión y una sensación de intimidad más profundas.

Las oportunidades no se hallan tan solo en los conflictos que surgen. Siempre que nos encontramos a nosotros mismos juzgando o criticando a nuestra pareja, tenemos una oportunidad de aprender sobre nuestro proceso y sobre nosotros mismos. Por supuesto, esto es también verdad en el caso de los reflejos positivos, aunque estos tienden a ser sutiles y a aludir a lo que valoramos y admiramos más que a lo que nos falta. Las tensiones y sentimientos intensos que surgen a causa de un conflicto o desacuerdo precipitan un proceso interno como nada más puede hacerlo. A menudo ofrecen un claro camino hacia lo que nos está faltando o lo que estamos reprimiendo dentro de nosotros. Así pues, resulta que este aspecto reprimido es exactamente lo que más necesitamos aceptar y abrazar dentro de nosotros para encontrar la sensación de tranquilidad, paz e intimidad que estamos buscando.

Con el tiempo, a medida que Lisa y Robert fueron usando su relación como maestra, Lisa aprendió cuánto necesitaba de hecho bajar su ritmo. Le hacía falta más tiempo para sí misma y para sencillamente «ser». Vio que Robert era un maestro para ella, que le enseñaba aspectos de sí misma que le aportarían una experiencia de mayor equilibrio.

Robert, por su parte, se dio cuenta de que se sentía mejor si estaba con gente más a menudo y tenía una agenda más activa. No quería una agenda tan llena como la de Lisa, pero ella era una maestra para él, que le señalaba aspectos de sí mismo que necesitaba fomentar.

Ambos utilizaron sus conflictos y diferencias para aprender más sobre sí mismos como individuos, así como para acercarse más el uno al otro como pareja. Esto es lo ideal. El mal humor, los días malos y los sentimientos heridos no conducen siempre a la experiencia de crecer en consciencia. Sin embargo, siempre que afrontamos una dificultad en nuestra relación, con mente abierta, como una ocasión para aprender, ambos tenemos la oportunidad de experimentar una mayor intimidad y cercanía. Algunas diferencias son evidentes y pueden resolverse rápidamente, y otras son más complejas y pueden requerir ser examinadas repetidamente y pasar por distintos niveles de conciencia antes de llegar a resolverse. Dosis saludables de paciencia y tolerancia resultan determinantes.

Pero no todas las relaciones pueden o deben ser duraderas. A veces, al utilizar nuestra relación como espejo nos damos cuenta de que para cuidar mejor de nosotros mismos deberíamos dejar a la persona con la que estamos. En el siguiente capítulo, Gina compartirá la historia de una de sus relaciones, que refleja esto.

La historia de Gina: cuando dejar una relación es lo correcto

E ste libro no pretende ser del estilo «soluciones para todo» o «encuentra la pareja de tus sueños». Es un libro sobre cómo podemos utilizar realmente nuestras relaciones –todas nuestras relaciones, desde los contactos superficiales hasta nuestras conexiones más profundas– como oportunidades para ser conscientes de quiénes somos, de todo lo que somos, y encontrar sanación y crecimiento a lo largo de este proceso.

Gina, mi querida amiga y colaboradora, ha compartido algunas de sus experiencias personales en páginas anteriores de este libro. Ahora nos hará partícipes de otra parte de su historia, dolorosa pero importante.

LA HISTORIA DE GINA

A lo largo de los muchos años en que Shakti y yo hemos conducido talleres sobre relaciones, experimenté uno de esos acontecimientos que te cambian la vida. Tuvo una parte muy dolorosa, pero resultó ser el trabajo interior más profundo que he llevado nunca a cabo. Yo sabía que no podía ayudar a escribir un libro sobre relaciones y sentirme honesta si no compartía lo que había ocurrido en mi propia vida. Shakti y yo sentimos que era importante que yo contara mi propia historia, y también sentimos, intensamente, la necesidad de subrayar que no todas las relaciones pueden ser sanadas. De hecho, a veces el mayor acto de sanación consiste en dejar la relación.

Cuando Shakti y yo hablamos por primera vez de trabajar en este proyecto juntas, yo no tenía ni idea de cómo se desplegarían y cambiarían mis propias relaciones. Shakti ha dicho a menudo: «La mejor manera de hacer tu trabajo personal es escribir un libro. ¡Tan pronto como empiezas a escribir, todos tus temas afloran!». Yo había estado enseñando, conduciendo talleres y escribiendo con ella durante mucho tiempo, y no pensaba que esto se aplicara necesariamente en mi caso. Al fin y al cabo, ¿durante cuánto tiempo necesita uno, realmente, hacer este trabajo? Bien, pues no solo se vio transformada mi relación conmigo misma; también ocurrió con la relación que tenía con Shakti. Además, las que mantengo con mis hijos, familia y amigos se han visto renovadas, restauradas y mejoradas. ¡Qué sorprendente ha resultado este proceso!: maravilloso, gozoso y liberador unas veces, y muy doloroso, desalentador y confuso otras. Y todo esto fue totalmente inesperado.

Me he dado cuenta de que todos nos hallamos realizando un proceso con lo que sea que estemos trabajando en el momento. Cada uno de nosotros crecemos y cambiamos a nuestro propio ritmo y a nuestra propia manera, haciéndolo lo mejor que podemos con las circunstancias que estamos afrontando. Aunque tengamos conciencia sobre algunas partes de nosotros mismos y de nuestras vidas, podemos encontrarnos completamente a oscuras cuando se trata de otras áreas de nuestras vidas o relaciones. Todos tenemos aspectos que desconocemos. Sencillamente, no podemos ver lo que no podemos ver.

Además de llevar mucho tiempo trabajando con Shakti, he estado entrando y saliendo de terapia desde los dieciocho años. Me deshice de mi dependencia del alcohol a esa edad; desde ese momento, no he recaído, y he estado participando en los Programas de Doce Pasos. Me describiría a mí misma como una buscadora: dedico mucho tiempo a descubrir mi relación con Dios (tal como lo entiendo), mi comprensión y mi fe van en aumento y confío en un poder que es más grande que yo.

He estado en retiros de silencio, he hecho *satsangs* con gurús, he recibido el abrazo de Amma, he cantado con los budistas, he danzado para elevar mi consciencia, he participado en rituales, me he deleitado adorando y he llevado a cabo una práctica diaria de oración y meditación durante muchos años. Me considero una mujer confiada, extrovertida y autoempoderada, y aun así me encontré en una relación dolorosa, humillante y abusiva.

El maltrato llegó a su punto culminante una noche en que mi marido me agredió mientras dos de mis hijos se encerraban en su habitación, aterrados. Este fue el fin de mi matrimonio de dieciocho años, y casi el fin de mi vida. Y, más doloroso aún, significó el silenciamiento de mi espíritu, la extinción de todo lo que me había animado y dado vida. En ese momento tuve la suficiente conciencia para saber que si no dejaba mi matrimonio justo entonces, podría ser que no tuviese otra oportunidad de hacerlo.

Hasta ese momento, como en el caso de muchas otras personas, mi conocimiento de la violencia doméstica se limitaba a lo que había visto en los dramas televisivos, en los que la violencia es evidente y el caso se resuelve en una hora con la irrupción de la justicia. Jamás me había identificado como víctima del maltrato físico, ni me reconocí a mí misma en las mujeres de la televisión. Soy trabajadora autónoma, madre de tres hijos y una voluntaria entusiasta, activa en mi comunidad. Nada de esto encaja con el perfil de una mujer que sufre violencia doméstica.

Unos cuatro años antes del incidente violento mencionado antes, había intentado obtener ayuda. De hecho, visto en retrospectiva, estaba intentando conseguir que mi marido obtuviera ayuda. No entré en contacto con ningún servicio para mujeres maltratadas, sobre todo porque no me daba cuenta de la cantidad de abuso que estaba experimentando. Tan solo quería que mi marido obtuviera ayuda y dejara de ser tan iracundo. Teníamos una hija que había padecido una enfermedad que había amenazado su vida y sentí que ella merecía tener una «familia», de modo que mi marido y yo nos reconciliamos después de un breve lapso de tiempo, cuando creí que le estaban ayudando.

Siguiendo con el relato de mi experiencia, acontecida en 2009, una amiga me puso en contacto con el Centro para la Paz Doméstica, una organización educativa y de defensa de las víctimas de la violencia doméstica ubicada en la ciudad donde vivo. Una abogada generosa, compasiva, paciente y disponible me ayudó a comprender qué me estaba ocurriendo y cómo emprender acciones para proteger a mis hijos y salvaguardarme yo. Estuvo a mi lado en cada cita, en cada vista de los tribunales, animándome, tomando mi mano y abrazándome cuando lo necesitaba.

Hoy soy una superviviente, una defensora experimentada y una voluntaria orgullosa de serlo. Creo que no estaría viva, o no creo que mis hijos estuvieran seguros, si no fuera por todas las personas que trabajan incansablemente para ayudar a las víctimas de la violencia doméstica. Me apasiona llegar a cualquier mujer de mi comunidad, y ahora a cualquier mujer que lea este libro, que pueda estar sufriendo este problema. Creo que muchos tenemos una imagen o estereotipo de cómo es una víctima de este tipo de maltrato. También, antes de superar mi dependencia del alcohol, tenía una imagen de lo que pensaba que era una persona alcohólica, así como después imaginé cómo sería una mujer víctima de los malos tratos, y en ninguno de los casos esas mujeres se parecían a mí en nada. No me veía así a mí misma de ninguna de las maneras, de modo que no busqué ayuda hasta que fue casi demasiado tarde.

La violencia doméstica es una actitud criminal presente en todos los vecindarios, en todas las clases socioeconómicas y en todos los niveles educativos. Afecta a todo tipo de mujeres, desde las ejecutivas hasta las amas de casa. Todas podemos tener una historia única que contar, pero en el caso de la violencia doméstica y los abusos tenemos también una historia compartida de soledad, miedo e impotencia. Si tienes una amiga o una vecina que está sufriendo, o si tú misma estás sufriendo, no estás sola. Existe ayuda al alcance de todas nosotras.

No puedes cambiar a los demás, y no hay manera de que puedas cambiarte a ti misma de tal modo que tu compañero deje de comportarse de forma abusiva. Aunque este libro comparte herramientas para que utilices tus relaciones como un camino para volverte consciente, una relación en la que haya abusos y violencia no es segura, y la seguridad debe ser siempre la prioridad. Asegúrate de protegerte a ti misma y de proteger a tu familia ante todo y aléjate del peligro, incluso aunque, como yo, puedas utilizar estas técnicas para descubrir que tu relación tiene algo que mostrarte sobre ti misma. La violencia doméstica implica poder y control y es un patrón muy peligroso, que se agrava con el tiempo. Es importante reconocer que, además de la violencia física, existen muchas otras formas de maltrato, incluido el verbal, emocional, económico, mental y sexual. No todos implican violencia física, pero toda violencia física empieza con una o más de estas otras formas de maltrato.

Una vez que fui capaz de dejar la relación y pasar por las primeras fases de las órdenes de alejamiento, las vistas de los tribunales y el proceso de divorcio, comencé a explorar los complejos comportamientos, creencias y yoes que influyeron sobre mí y sobre las elecciones que había llevado a cabo (o que había decidido no llevar a cabo) en cuanto a mis relaciones. Fue un proceso humillante, pero resultó ser, al final, la clave de mi libertad, no solo porque puse fin a un matrimonio abusivo, sino también porque rompí unos patrones que me habían mantenido encerrada en una cierta forma de ser desde hacía mucho tiempo. Mi matrimonio fue la última de una larga secuencia de situaciones en las que valoraba las opiniones de los demás más que la mía propia, comprometía mis valores para poder ser «querida» y me cuestionaba a mí misma antes de concebir que la otra persona fuese responsable de su mal comportamiento.

Pude ver que las semillas de estas elecciones fueron sembradas en el hogar de mi infancia, sobre todo a raíz de las acciones de mi padre. Aunque ahora ya era adulta, mi niña interior permanecía aterrorizada y quería ser una buena chica para que los otros no se enfadaran conmigo. Me di cuenta de que temía la ira, incluida la mía propia. Esto me metió en todo tipo de problemas. Es natural enfadarse o expresar frustración, decepción o sentimientos negativos. Pero yo no sabía cómo expresar estos sentimientos de manera sana y segura, de modo que decidí anestesiarme a este respecto e ignorar lo que estaba sintiendo, albergar resentimientos y sentirme impotente. De modo que elegí un compañero que era capaz de expresar su enfado. Desafortunadamente, lo expresaba de manera explosiva, montando en cólera y profiriendo amenazas.

Mi matrimonio no empezó de la misma manera en que acabó. Fue con el tiempo como se fue convirtiendo en otra cosa. Tuvo lugar un proceso. El patrón era que primero estallaba la ira y después venían las disculpas. Poco a poco las disculpas se desvanecieron, las críticas aumentaron y acabé sintiendo que estaba caminando sobre cáscaras de huevo todo el rato. Al principio me sentía atraída por mi marido; me aportó una estabilidad que necesitaba y una rutina estructurada que me ayudó mucho. Estos mismos comportamientos, sin embargo, se convirtieron con el transcurso de los años en control y restricción.

Mi historia es representativa de un proceso habitual según el cual primero nos sentimos atraídas por una persona que posee unas cualidades que nosotros mismos querríamos encarnar en mayor medida. Después la rechazamos por las mismas cualidades que primero nos atrajeron. Recuerda que estamos hablando de la esencia de estas cualidades, energías o yoes, no del comportamiento manifestado por la otra persona. Como hemos visto en el capítulo anterior, a menudo nos sentimos atraídos por alguien que manifiesta energías contrarias a las nuestras. Esto ocurre a menudo porque reconocemos que necesitamos aprender a expresar estas energías con mayor libertad.

Por ejemplo, puede ser que lo esencial que necesitemos aprender sea a poner límites, a ser claros y directos al expresarnos o a ser capaces de valorarnos a nosotros mismos en vez de sobrevalorar a los demás. Siempre estamos buscando la plenitud, y nos atraen las personas que poseen las cualidades que pueden hacernos «totales». Hemos desarrollado unas maneras principales de estar en el mundo y hemos rechazado otras; sin embargo, necesitamos contar con todos los aspectos, o tener acceso a ellos, si queremos experimentar el equilibrio y la plenitud que buscamos. Una vez dicho esto, cuando alguien expresa una cualidad de una manera negativa —cuando este alguien se convierte en un «imbécil» y se comporta de manera mezquina, hiriente o desagradable—, no quiere decir que nosotros tengamos que emular esto. No es necesario que manifestemos comportamientos incorrectos con el fin de integrar esta energía contraria.

Espero que te resulte útil que haya compartido mi historia; también espero que mis reflexiones te hayan aportado una mayor comprensión en relación con el trabajo de Shakti. Yo sigo aprendiendo de mis relaciones y creciendo en respuesta a lo que descubro sobre mí misma. Este trabajo, combinado con un apoyo continuo y una vida espiritual rica, me ha aportado una profunda sanación y una alegría que nunca creí posible. Asimismo, sigo firme en mi compromiso de ayudar a los demás, y esto, también, es para mí fuente de gran satisfacción. Mi deseo en cuanto a ti es que encuentres la libertad que buscas en tu vida y que experimentes una alegría y una plenitud ilimitadas.

Cuarta parte

HERRAMIENTAS PARA DESARROLLAR TUS RELACIONES

La facilitación

El proceso de la facilitación nos ayuda a descubrir cuáles son nuestros yoes principales y cuáles podrían ser algunos de los yoes que hemos negado. Esto es de una importancia capital en el proceso de hacernos conscientes, de tal manera que podamos arrojar sobre nosotros una mirada holística que reconozca la suma de todas nuestras partes: «bueno» y «malo», lo que nos gusta y lo que no nos gusta, lo que compartimos con nuestros amigos íntimos y las partes de nosotros que ni tan siquiera queremos reconocer que existen. Con esta conciencia podemos encontrar sanación y crecimiento.

El proceso de facilitación se lleva a cabo mejor con un facilitador entrenado. Sin embargo, es una técnica sencilla y puede experimentarse bastante fácilmente con un amigo; también podemos aplicarla solos, por medio de la escritura. Más adelante, en este capítulo, hablaremos de las técnicas de la facilitación. Antes de eso, para ofrecerte una idea general acerca de cómo funciona, hemos incluido la transcripción de una facilitación en la que entrevisto a Gina, y otras más. Estos ejemplos muestran cómo el proceso fomenta la conciencia de los muy distintos yoes que tenemos dentro y enfatizan lo que se siente al experimentarlos.

Para empezar, Gina y yo nos sentamos una frente a la otra. Empezamos por establecer que allí donde Gina está sentada es la «posición central», la posición de la conciencia; un lugar donde podemos fomentar la elección consciente por medio de la capacidad de acceder a distintos yoes o energías.

Le digo a Gina que me cuente algo sobre sí misma y su vida. Una vez que empieza a hablar, aborda un determinado tema, con una voz y una energía específicas, que denota la presencia de uno de sus yoes principales. Le pido que desplace su silla hacia donde siente que se halla la energía de esa voz. Se mueve a su derecha. Me pongo delante de ella y comienzo a hablar con lo que reconozco que es su yo responsable:

SHAKTI: Acabo de oír que eres la parte de Gina que enumera todas las cosas que hace ella. Así pues, ¿eres la parte de Gina que hace muchas cosas y que tiene otras muchas por hacer?

EL YO RESPONSABLE DE GINA: ¡Ya lo creo! Gina está muy ocupada. ¡Yo hago mucho por ella y sus hijos! La ayudo a llevarlos a la escuela, me aseguro de que hagan los deberes y de que tengan todo lo que necesitan para la escuela, el deporte, las clases de música, etcétera. También la ayudo bastante en el trabajo.

SHAKTI: Bueno, ¡valoro mucho todo esto que haces!

EL YO RESPONSABLE DE GINA: Sí, bien, también hay mucho que hacer en el trabajo. Están los talleres y también tiene que escribir, y mucho por coordinar y gestionar.

SHAKTI: ¿Cómo la ayudas con todo esto?

EL YO RESPONSABLE DE GINA: Hago muchas listas. Las llevo siempre conmigo y, a lo largo del día, siempre añado algo en ellas. Y tacho las cosas hechas. Utilizo las listas para llevar un seguimiento de todo lo que Gina tiene que hacer y todo lo que no puede olvidar. Está muy ocupada, de manera que tengo trabajo todo el día.

SHAKTI: ¿Cuánto hace que estás en la vida de Gina?

EL YO RESPONSABLE DE GINA: Hmmmm, déjame pensarlo... ¡Creo que ya estaba ahí asegurándome de que sus células se dividían correctamente! Llevo mucho tiempo aquí; toda su vida.

SHAKTI: ¿Cómo fue la infancia de Gina? ¿Necesitaba ser igual de responsable cuando era pequeña?

EL YO RESPONSABLE DE GINA: Bueno, su hogar era bastante caótico. Su padre murió justo antes de que ella cumpliese los nueve años. Tiene tres hermanas y dos hermanos, y tres de ellos estaban todavía en el hogar paterno cuando murió el padre. Falleció en un accidente, de modo que su muerte fue muy trágica e inesperada. Había mucho por hacer y ella pasó a ser la ayudante de su madre. Su madre estaba muy ocupada manteniendo a la familia, y también se sentía abrumada por una enfermedad. Gina tenía que ayudarla a cuidar de su hermano pequeño, hacer los deberes con él, realizar listas de la compra, cocinar, preparar comida para llevar, etcétera.

SHAKTI: Eras tú el que se crecía y hacía todas esas cosas, ¿verdad?

EL YO RESPONSABLE DE GINA: Sí; hice todo eso por ella. Soy su parte responsable y me ocupaba de hacer todo lo que tenía que hacer.

SHAKTI: ¡Caramba, has tenido mucho trabajo! ¿Te has sentido alguna vez cansado o «quemado»?

EL YO RESPONSABLE DE GINA: Nunca he pensado en esto. Creo que sí, que me estoy cansando un poco. Gina ha estado en medio de muchos cambios en los últimos años, de modo que la he estado ayudando mucho todo este tiempo. Me siento abrumado con tantas tareas. Pero no puedo tomarme ni un respiro. Esta sería una actitud negligente, y realmente no hay tiempo para ello. Sería una frivolidad, ciertamente, porque siempre hay mucho por hacer.

SHAKTI: Ya veo. Bien, has llevado a cabo un trabajo impresionante en la vida de Gina. Como colega suya, lo aprecio de veras, y sé que sus hijos también se han beneficiado de ello, así como las muchas personas a las que ayuda. ¡Gracias por tu contribución! También escucho que puedes sentirte abrumado, y cuando hable con Gina compartiré este punto con ella. Gracias por llevar a cabo un trabajo tan asombroso.

EL YO RESPONSABLE DE GINA: Es agradable oír esto. Gracias. Me siento muy bien por haber podido hablar. Gracias por escucharme.

SHAKTI: De acuerdo; ahora vas a regresar a la posición central. [Gina desplaza su silla de nuevo a la posición de partida]. Toma una profunda inhalación y, al exhalar, suelta la energía que estabas conteniendo. Intenta desprenderte de los pensamientos que acabas de tener. Toma otra respiración profunda y, al inhalar, lleva la energía integrada de tu conciencia a tu yo consciente. Bien...

Vamos a hacer una pequeña pausa antes de continuar. Como puedes ver, el yo responsable es un aspecto fuerte de Gina. ¿Puedes identificarte con lo que este yo estaba describiendo? ¿Puedes detectar tu propia versión de este aspecto en ti?

Este aspecto es muy activo y está imbuido de lo que denominamos la energía del «hacer». La mayoría de nosotros presentamos un aspecto que es responsable, y es habitual contar con muchos yoes principales con un carácter «hacedor», especialmente en nuestra cultura occidental. Además de ser responsables, tenemos yoes que nos empujan a actuar, como el impulsor. Y nuestros yoes responsables pueden estar estrechamente alineados con yoes a los que les gusta ocuparse de los demás, como el complaciente. Todos estos yoes tienen que ver con cuidar de los demás y hacer cosas por ellos. Cuando nuestro yo responsable y el cuidador están conectados, normalmente se enfocan en ser responsables de todos quienes nos rodean y de lo que todos necesitan (o lo que pensamos que necesitan).

Ahora continuaremos con el resto de la facilitación de Gina, que ha regresado a la posición central de conciencia:

SHAKTI: Bueno, ¡tu yo responsable tiene mucho por decir! ¡Y menudo trabajo lleva a cabo en tu vida!

GINA: Sí, es un yo bastante impresionante. Trabaja realmente mucho. Nunca deja de estar atento a lo que tiene que hacerse, a lo que los demás necesitan, y siempre está resolviendo los asuntos de los demás y haciendo cosas por ellos. Puedo ver que ha estado conmigo durante mucho tiempo y que me ayuda con muchas cosas, ¡pero también puede resultar agotador!

SHAKTI: Esto suena como otra voz. ¿Por qué no averiguas dónde crees que está esta nueva energía y desplazas tu silla hasta allí? [Gina mueve su silla a la izquierda]. ¡Hola! Estabas diciendo que ese otro yo de Gina estaba muy ocupado; ¿acaso tal vez incluso demasiado?

OTRO YO DE GINA: Sí; ese yo está muy ocupado y tiene que hacerlo todo, todo el rato. No tiene tiempo para nada más. No encuentra nunca un momento para leer, para sencillamente distraerse o hacer algo divertido.

SHAKTI: Así pues, ¿eres un yo juguetón de Gina?

OTRO YO DE GINA: No; no soy juguetón en realidad. Tan solo me gusta bajar el ritmo, no asumir tantos compromisos, no hacer tantas cosas.

SHAKTI: Y ese otro yo de Gina, ¿hace que esté activa todo el tiempo, corriendo de una cosa a la otra constantemente?

EL YO RELAJADO DE GINA: Sí; hace que esté ocupada todo el rato, haciendo listas y consiguiendo que madrugue a causa de todo lo que debe hacerse. ¡Una y otra vez!

SHAKTI: En vez de todo esto, ¿qué harías tú?

EL YO RELAJADO DE GINA: Nada, en realidad. Lo que de verdad me gusta es conectar con la gente. Me encanta disponer de mucho tiempo para estar con algún amigo o amiga o dar un paseo en bicicleta. También me gusta correr, pero solo para divertirme, no para entrenarme o forzarme. En realidad, me gusta tan solo ser. Disfruto leyendo y viendo programas de televisión, especialmente los que Gina mira con sus hijos. Me encanta estar con sus hijos; sin tareas, sin nada que hacer, tan solo pasando el rato juntos.

SHAKTI: Sí, puedo ver que tienes una energía adorable. ¡A mí también me gustaría pasar algún rato contigo! ¡De hecho, creo que tenemos la oportunidad de hacerlo!

EL YO RELAJADO DE GINA: Sí, la tenemos. Me gustaría que Gina dedicara mucho más tiempo a estas cosas; que bajara el ritmo, que no fuera siempre con prisas. Que disfrutara del sol y el océano: ¡son tan sanadores!

SHAKTI: ¿Pasa Gina mucho tiempo contigo, accede a ti muy a menudo?

EL YO RELAJADO DE GINA: Ha hecho muy bien en traerme a su vida. Está consiguiendo más tiempo para hacer las actividades que me gustan y va a tener menos compromisos; está en ello. ¡Incluso está leyendo una novela de misterio! Puesto que está siempre estudiando y aprendiendo, raramente se sienta a leer un libro sólo por placer.

SHAKTI: Me ha encantado estar contigo. Eres una energía potente, y me alegro de que Gina te tenga en su vida. Ella es muy social, y estoy segura de que tú tienes que ver con ello.

EL YO RELAJADO DE GINA: Gracias.

SHAKTI: Muy bien; ahora regresemos a la posición central. [Gina desplaza su silla al centro]. Toma una profunda inspiración y exhala, soltando la energía que estabas conteniendo. Toma otra respiración y, mientras inhalas, llénate con una energía integrada. Ahora regresa a tu yo, que se está volviendo consciente. Cuando estés lista, abre los ojos. ¿Qué tal te fue?

GINA: Es duro volver a cambiar. Realmente me gustaba este último yo. El primer yo me era muy familiar; este último también, pero no de la misma manera. Siento que me despierto por las mañanas como el yo responsable y paso la mayor parte del día con esa energía. Me encanta cómo siento al yo relajado, y definitivamente lo conozco. Lo que ocurre es que no está presente muy a menudo en mi vida de una manera natural. Tengo que tomar la determinación de darle entrada más a menudo. Cuando conecto con las personas, este yo es la energía que hace que esta conexión sea posible.

SHAKTI: Ahora, sentada en esta posición central en la que te estás haciendo consciente, ¿puedes tener la sensación de acceder a ambas energías? ¿Puedes experimentar ambas energías a la vez? Ten la sensación de crear un espacio que es un receptáculo en el que ambas energías pueden ser experimentadas y expresadas. ¿Qué tal?

GINA: Pues bien. Siento que puedo traer la cantidad correcta de energía que necesito. De esta manera, si estoy con mis hijos, puedo traer más la energía relajada, la que tiene relación con el solo hecho de ser, de estar. Si estoy en el trabajo, puedo traer más la energía del «hacer». Puedo tenerlas a la vez y ponderar cuál es la correcta en cada situación dada. En este sentido, me siento equilibrada.

La facilitación es una experiencia dinámica y convincente. Incluso si no descubres un yo rechazado u oculto, es extraordinariamente útil experimentar el poder de un yo principal y toda la influencia que este yo tiene en tu vida. Experimentar un yo principal en toda su potencia, y después salir de esa energía y ver que ese yo es tan solo un aspecto de quién eres, puede cambiar drásticamente la manera en que te ves a ti mismo.

También es muy transformador ser testigo de la experiencia de facilitación de otra persona. En nuestros talleres, nos tomamos tiempo para hacer la facilitación con cada participante y asegurarnos de que todos presencien varias sesiones. Al final del taller, a menudo comparten que lo que tuvo mayor impacto en ellos fue observar el proceso de otras personas y ver hasta qué punto identificaban aspectos de sí mismos al ser testigos de esas experiencias.

Siguen a continuación un par de transcripciones más que nos proporcionan buenos ejemplos de yoes habituales que compartimos. La siguiente corresponde a una sesión que tuvimos con un cliente veterano, Karl. Karl trabaja a tiempo completo en el sector financiero y se ha esforzado mucho para mantener a su familia, que incluye cuatro hijos que se hallan en diversas etapas de la universidad.

SHAKTI: Karl, acabas de hablarme un poco de ti, de tu trabajo y de tus hijos. Parece que tienes una familia adorable.

KARL: Sí, estoy muy orgulloso de mis hijos. He trabajado muy duro para proporcionarles la vida que yo no tuve de niño.

SHAKTI: ¿De veras? Háblame un poco de esto.

KARL: Bien, mi padre se fue cuando yo era pequeño. Mi madre trabajó en varios empleos parciales para cubrir nuestras necesidades. Nos quería e hizo todo lo que pudo, pero tuvimos que luchar durante muchos años.

SHAKTI: ¿Cómo modeló esto tu paternidad?

KARL: Tomé la determinación de mantener a mis hijos sin que importase el cómo; nunca los abandonaría.

SHAKTI: Bien; estoy escuchando la voz de un yo fuerte que acaba de aparecer. Por favor, desplázate a la izquierda o a la derecha de donde estás sentado, allí donde sientas que esta energía es más potente. [Karl mueve rápidamente su silla un poco a la derecha]. ¡Hola! Karl me estaba hablando de sus hijos y su crianza. Estaba describiendo algunos valores fuertes que tiene en relación con la educación de sus hijos, y pensé que podías tener algo que ver con ello.

EL «YO DEL PADRE RESPONSABLE» DE KARL: Sí, supongo que sí. Estoy totalmente enfocado en cuidar de mis hijos y mi mujer.

SHAKTI: Háblame más sobre esto o sobre cómo lo haces.

EL «YO DEL PADRE RESPONSABLE» DE KARL: Bien, creo en el trabajo duro. Me pagué mis propios estudios en la universidad. Me he forjado mi camino. Nunca dejaría a mi familia en la estacada. Un padre tiene que mantener a sus hijos.

SHAKTI: Así que tú eres la parte de Karl que trabaja duro y que es un buen padre... Dices «yo» cuando te refieres a Karl, pero queremos hablar contigo como la parte de Karl que tiene estos valores y se asegura de hacer estas cosas.

EL «YO DEL PADRE RESPONSABLE» DE KARL: Sí, eso es. Soy la parte de Karl que consigue que trabaje duro y mantenga a sus hijos.

SHAKTI: ¿Tienes otras maneras de asegurarte de que Karl haga bien su trabajo?

EL «YO DEL PADRE RESPONSABLE» DE KARL: Bien, él ha hecho muchos sacrificios a lo largo del camino, pero no los veo como «sacrificios» en realidad. Se trata de lo que ha tenido que hacer por su familia. No puede contar con nadie más, y necesita asegurarse de que sus seres queridos reciben los cuidados, el amor y el sustento necesarios.

SHAKTI: Bueno, parece que has tenido mucho éxito en su vida. Él y su familia tienen mucho que agradecerte.

EL «YO DEL PADRE RESPONSABLE» DE KARL: Sí, es cierto.

SHAKTI: Muy bien. ¿Estás de acuerdo con que regresemos a Karl?

EL «YO DEL PADRE RESPONSABLE» DE KARL: Por supuesto. [Karl desplaza su silla a su izquierda y regresa a su lugar original].

SHAKTI: Bien, Karl, toma una profunda inhalación y observa si puedes tener la sensación de que este yo está sentado junto a ti; trata de experimentar un poco de separación respecto a él. Observa si puedes verlo como una parte de ti o como una lente a través de la cual puedes ver tu vida.

KARL: Sí, puedo verlo así. Es una fuerza. Es muy potente y me recuerda a un viejo magnate empresario.

SHAKTI: En realidad, es una mezcla de dos yoes. Uno es el que denominamos el buen padre, que vela porque su familia y otros tengan lo necesario, tanto desde el punto de vista emocional como físico o financiero. También está ahí el yo responsable, que trabaja duro y tiene una fuerte ética laboral, el cual también procura abastecer a su familia. Ahora que ves este yo como una parte de ti, ¿qué adviertes en cuanto a su papel en tu vida?

KARL: Bien, pienso que empecé a trabajar a partir del miedo y de no querer regresar nunca a mi infancia. Pero ahora puedo ver que soy un «padre responsable». Me ocupo de muchas personas; de mi familia, por supuesto, pero también de mis amigos. Me aseguro de que mi equipo y mis trabajadores tengan lo que necesitan, y de que somos generosos con nuestros bonos y homenajeamos a las personas en sus cumpleaños y aniversarios. He acogido cierta cantidad de personal bajo mis alas, o los he orientado.

SHAKTI: Si estás pensando siempre en los demás y en cómo satisfacer sus necesidades, ¿cómo te afecta esto a ti y a tus necesidades? [Hay un largo silencio]. Esta es una buena manera de ver esta parte de ti como un yo que está en tu interior, un yo principal y muy fuerte. Incluso aunque intentes separarte de él y verlo como una parte de ti, hace acto de aparición, refuerza sus valores y afirma sus logros con orgullo. ¡No hay nada equivocado en ello; este yo te ha ayudado sobremanera! De todos modos, el tema es que si de algún modo no adviertes que este yo es solamente una parte de ti y no todo lo que eres, puedes quedarte atascado pensando siempre en los demás o en lo que necesitan, o en cómo ayudarlos. Ayudar a los demás hace que uno se sienta bien, y al hacerlo muestras ser una persona buena y generosa. Pero para conservarte vital o lleno de energía tienes que ser capaz de recibir, y esto corresponde a otro yo. Separarte de tu yo principal, aunque sea solo un poco, te permite recibir de los demás y regenerarte por medio del descanso o de actividades que te llenen.

KARL: Sí, estoy de acuerdo. Es mucho mejor verlo de esta manera. Por más «bueno» que sea este yo, es muy intenso y me arrastra. La idea de permitir que entre otra energía me aporta enseguida una sensación de tranquilidad y alivio.

En este punto de la sesión tocaría hacer la facilitación de la otra parte, es decir, de la energía que le aporta a Karl la «sensación de tranquilidad y alivio». En cualquier caso, hemos visto un buen ejemplo del yo del buen padre y de alguien que tiene un yo principal fuerte.

El siguiente ejemplo es ilustrativo del crítico interior. Todos tenemos esta voz dentro. En el mejor de los casos, el crítico interior aparece con ideas que nos ayudan a mejorar u obtener un mejor resultado con algo en concreto. Pero si algo no ha salido bien, nos machaca la cabeza, haciéndonos sentir que somos nuestro peor enemigo.

Sigue a continuación una sesión con Sofía, una artista asombrosa. Sus pinturas son mágicas e inspiradoras, impresionantes, convincentes. Sin embargo, experimenta períodos en los que dice que se siente «deprimida»; en esos momentos, es incapaz de crear nada durante semanas.

FACILITADORA: Sofía, acabas de hablarme de unos momentos recientes en los que te sentiste desalentada. ¿Quieres hablarme un poco más de ello?

SOFÍA: Claro. Hace poco, tenía una pequeña galería en una cafetería, donde exponía mis cuadros. Me encargaron que creara una nueva serie inspirada en los cuadros de esa exposición. Primero me sentí feliz y emocionada, pero al cabo de unos pocos días me sentí totalmente falta de inspiración y estresada en relación con este encargo.

FACILITADORA: De acuerdo; ¿puedes desplazar tu silla hacia donde sientes que podría estar esa energía?

[Pausa larga. Después, Sofía se sienta en el suelo, detrás de su silla, desplazada a un lado].

Sofía: Bien, la siento aquí.

Facilitadora: ¿En el suelo?

sofía: Sí, aquí, en el suelo. No puedo hacer otra cosa.

Facilitadora: Vale; está bien. No hay ningún tipo de problema con que me hables desde ahí. Háblame del proyecto de Sofía.

El crítico interior de Sofía: Sí; Sofía tiene..., bien, tenía una exposición con sus pinturas, sus cuadros. Le pidieron que creara un tríptico, tres pinturas que van juntas pero que se pintan por separado.

Facilitadora: ¡Es maravilloso! Ella dijo que le emocionaba este encargo.

El crítico interior de Sofía: Bueno, sí, pero después no se puso con ello.

Facilitadora: Háblame de esto.

El crítico interior de Sofía: Bien, yo tenía todo el fin de semana —quise decir, «ella» tenía todo el fin de semana— para esbozar la obra y pensar en los colores. ¡No hizo lo uno ni lo otro! No hizo más que sentarse y desperdiciar todo su tiempo libre. Llegó el lunes y tuvo que ir a trabajar, y aún no ha empezado con el proyecto.

Facilitadora: Ya veo... ¿Por qué crees que pasó esto?

el crítico interior de sofía: ¿Puedo levantarme?

Facilitadora: Sí, por supuesto.

[Sofía se levanta y camina un poco].

El crítico interior de Sofía: Bien, es muy indecisa. Espera hasta el último minuto y después se las ve para acabar lo que está haciendo. Empieza con un esquema de colores y después, a medio hacer, lo cambia. Y así una y otra vez.

Facilitadora: Ya veo. ¿Podrías ayudarla con esto?

EL CRÍTICO INTERIOR DE SOFÍA: Todo lo que necesita es ser disciplinada. Tiene que marcarse un tiempo y ponerse a ello. Se preocupa demasiado por lo que está haciendo y después se demora. Es una buena pintora, pero nunca tendrá éxito si no persevera. En una ocasión, tenía una jornada de puertas abiertas para exponer su arte y se vio obligada a cancelarla porque estaba «enferma». En realidad fue porque no pudo prepararla.

FACILITADORA: Bueno, parece que te afecta mucho todo esto...

EL CRÍTICO INTERIOR DE SOFÍA: Tal vez sí, ¡pero si no consigo que logre ver estas cosas, nunca tendrá éxito!

FACILITADORA: Así pues, ¿estás intentando ayudarla?

EL CRÍTICO INTERIOR DE SOFÍA: ¡Pues claro!

FACILITADORA: Ya veo. Bien, has señalado unos puntos muy importantes. Dentro de nada volveré a hablar con Sofía. ¿Hay algo que quieras asegurarte de que le diga de tu parte?

EL CRÍTICO INTERIOR DE SOFÍA: Sí. Creo que es una artista asombrosa. Si pudiese trabajar sin tener tanto miedo y sin dudar todo el rato, realmente podría alcanzar el éxito. Ha recibido mucho reconocimiento, pero tiene que trabajar en su método.

FACILITADORA: Ajá, ya veo. Gracias por compartir tu punto de vista conmigo. Sin duda, voy a transmitirle a Sofía tus preocupaciones. Es una persona muy capaz y siento que va a mostrarse receptiva a tus ideas.

EL CRÍTICO INTERIOR DE SOFÍA: Gracias.

FACILITADORA: Muy bien. Sofía, cierra los ojos y mira si puedes separarte un poco de esta energía. Es muy fuerte y tiene ideas firmes. Tómate unos momentos para relajarte y volver a ser tú misma.

[Sofía regresa a su silla y se sienta].

SOFÍA: Ah, esto está mucho mejor. ¡Es un yo muy dogmático!

FACILITADORA: Ya veo por qué puedes estar sintiéndote deprimida o asfixiada.

SOFÍA: ¿Ah, sí? ¿Por qué?

FACILITADORA: Porque tiene unas ideas muy claras y te está siempre encima.

SOFÍA: Es verdad.

FACILITADORA: Tiene buenas intenciones, pero la manera en que está sobre ti puede ser demasiado. En realidad te apoya mucho y piensa que eres una artista maravillosa. Le preocupa cómo te manejas y quiere que tengas éxito. Si eres capaz de tomar la esencia de lo que está diciendo, podría serte útil.

SOFÍA: Puedo ver que se preocupa y que después se evade o distrae con otras cosas que tiene por hacer.

FACILITADORA: Sí. Esta voz con la que estábamos hablando es la del crítico interior. Puede sonar muy negativa y pesimista, pero vela por tus mejores intereses. Se asegura de que sigues las «reglas interiores» que marcan tus yoes principales. Probablemente tienes un yo principal con ideas relacionadas con ser eficaz o responsable. Pero el crítico interior habla de una manera que parece que te esté dando una reprimenda, y es natural que intentemos evitar las críticas. Es así como te estimula en negativo en lugar de hacerlo en positivo.

SOFÍA: Sí, me ahoga a menudo.

FACILITADORA: En última instancia, está intentando protegerte de las críticas o juicios de los demás. O de su peor pesadilla: ¡que fracases! Lo que ocurre con mucha frecuencia en este trabajo es que cuando le preguntamos al crítico interior de qué tiene miedo, después de algunos cuestionamientos del tipo «¿y qué si ocurre esto?», habitualmente desemboca en algo así como «tengo miedo de que acabe en la calle, como una vagabunda». Así pues, entender cómo opera, y cómo en realidad tiene nuestros mejores intereses en mente, ayuda a neutralizar la incomodidad que nos produce lo que dice y cómo lo dice. Podemos empezar a compartir con él y dejar que se convierta en un buen guía para nosotros. A veces me gusta pensar en el crítico interior como en una especie de perro pastor que nos acosa para mantenernos dentro del cercado, por nuestro bien.

SOFÍA: Sí, bien, pero me siento desanimada y desmotivada.

FACILITADORA: Sí, así es como pueden sentirse los otros yoes cuando tienes un crítico interior superactivo. Por supuesto, te sentirías mal contigo misma y tendrías una actitud de «por qué molestarse» si alguien te estuviera diciendo lo que haces mal durante todo el día. ¡Desde luego, no dejamos que nuestros amigos nos hablen así! ¿Por qué deberíamos permitirnos hablarnos a nosotros mismos de esta manera?

SOFÍA: ¡Qué gran verdad! Bueno, me siento esperanzada en cuanto a esta nueva manera de ver a mi crítico interior. Puedo comprobarlo a menudo que tengo dificultades a la hora de empezar un proyecto porque me digo a mí misma que no soy lo suficientemente buena, o que otros artistas son mejores, o que usan los colores adecuados o tienen una técnica mejor, etcétera.

FACILITADORA: Tu crítico interior te dice todas estas cosas, pero tan solo se trata de un yo que hay dentro de ti; no eres «tú». Tú, como ser consciente, puedes elegir ahora hasta qué punto vas a permitir que te influya esta voz. Puedes traer otras energías para equilibrarla, o puedes actuar a partir de la guía que te ofrece.

SOFÍA: Sí, esto parece más empoderador. Gracias.

INSTANTÁNEAS DE FACILITACIONES

Aquí tienes unas cuantas muestras más, extraídas de las sesiones, para darte algunas ideas más acerca de cómo interactúan estos yoes.

Lucy tiene un yo complaciente fuerte:

FACILITADORA: ¿Así que tú eres la parte de Lucy que quiere asegurarse de que ella esté siempre complaciendo a los demás?

EL YO COMPLACIENTE DE LUCY: Sí. No sé si lo diría de esta manera, pero Lucy debería ser amable con los demás y ayudarlos. Debería ser generosa, desprendida. ¡Y feliz, también! Así es como deberíamos ser todos. Quiero decir, es de mala educación no ser de esta manera. Y nunca querría que Lucy fuese maleducada. En una ocasión su jefe quiso que hiciera algo y ella pensó que tenía una idea mejor, pero yo no deseaba que lo avergonzara, así que me aseguré de que no expresara esa idea.

Martin tiene un yo impulsor fuerte:

FACILITADOR: Parece que eres la parte de Martin que lo ha ayudado a conseguir tanto éxito.

EL YO IMPULSOR DE MARTIN: Sí. Hago que siga siempre adelante, que nunca mire atrás.

FACILITADOR: ¿En su vida laboral?

EL YO IMPULSOR DE MARTIN: ¡Oh, no!, hago que esté siempre moviéndose, avanzando, activo de muchas maneras. Lo tengo imbuido siempre en proyectos en el trabajo, y en casa tiene también siempre algún proyecto entre manos. Y hago que vaya al gimnasio seis días a la semana. Siempre digo: «Menos de seis días a la semana es poco». Se apunta al menos a dos maratones y una carrera de obstáculos al año. ¡Ah!, y al menos a dos triatlones; estos son fáciles. En función del calendario de las carreras, puede ser que opte por media maratón en vez de una completa, pero esto solo ocurre cuando hay un conflicto con las fechas de las carreras.

Clara tiene un yo perfeccionista fuerte:

FACILITADORA: Por lo que veo, eres la parte de Clara que se asegura de que planee bien la fiesta y después lo disponga todo perfectamente.

EL YO PERFECCIONISTA DE CLARA: ¡Ya lo creo! Sin mí, la fiesta sería un desastre, ¡suponiendo que llegase a celebrarse! Preparo la lista de los invitados con ocho semanas de antelación. Me aseguro de que las invitaciones salgan al menos seis semanas antes y me ocupo de que el color de cada invitación esté en sintonía con el tema de la fiesta. Incluyo bellos recordatorios para que cada invitado los ponga en sus calendarios o los cuelgue en sus cocinas, oficinas, etcétera. Planifico el menú y compruebo si alguien tiene alergias alimenticias. En caso de que sí, ofrezco dos opciones de menú para atender esas necesidades específicas. Elijo el postre para que complemente perfectamente los otros platos, con el fin de que nuestros invitados disfruten de una comida exquisita, pero no queden tan llenos como para no poder disfrutar de las actividades lúdicas de la fiesta. Normalmente convoco a un músico o a una banda, o preparo un karaoke, dependiendo de la celebración. Además, todos los invitados salen de la fiesta con una foto de sí mismos con la fecha y un sello estampados en el dorso; el sello va a juego con la invitación al evento. ¡Es tan bonito conmemorar estas fiestas!

TÉCNICAS DE FACILITACIÓN

Para tener una experiencia de facilitación óptima, recomendamos trabajar con un facilitador formado si es posible (visita la web de Hal y Sidra Stone para encontrar facilitadores del diálogo de voces: www.voicedialogueinternational.com). Creemos que esta es la mejor manera de experimentar los yoes. También puedes trabajar con un facilitador por medio de chats de vídeo, o por teléfono. La facilitación es un proceso sencillo, de cualquier modo, y puede ser igual de potente si lo haces por tu cuenta o con un amigo de confianza.

Antes de trabajar con un amigo, recomendamos que tú y la persona con la que vayas a trabajar leáis antes este libro. Podríais hablar de ello antes o poneros de acuerdo entre vosotros para tratar de garantizar vuestra seguridad emocional.

También puedes llevar a cabo este proceso por tu cuenta de una manera sencilla. Una forma de hacerlo es escribir preguntas con tu mano dominante y después escribir las respuestas con tu mano no dominante, o viceversa. También puedes usar dos páginas distintas de un diario, o dos lápices o bolígrafos de colores diferentes.

Si eres un profesional y te gustaría incorporar la facilitación en tu trabajo, te recomendamos que visites la web de Shakti (www.shaktigawain.com) o la de Hal y Sidra Stone (www.voicedialogueinternational.com), donde puedes encontrar información sobre las formaciones y los talleres, y otros materiales adicionales.

El principio de la facilitación no es nada complicado: al formular unas preguntas conductoras, abrimos la puerta a que los yoes hablen sobre sí mismos. Este es normalmente un proceso muy sencillo; los yoes están encantados de tener la oportunidad de compartir sus opiniones, ideas y pensamientos.

Si tú eres quien facilita, tanto si trabajas con un cliente como si lo haces con un amigo, utiliza la técnica de la escucha activa. Asiente con la cabeza, formula expresiones de reconocimiento y mantén el contacto visual con la persona para que sepa que la estás escuchando. Cuando habla el yo de la persona, repítele lo que has escuchado para confirmar lo que está expresando. Es importante para el yo sentirse escuchado. También es importante que no expreses tus opiniones, des consejos o tomes partido. Esto hace que el proceso se mantenga abierto para todos, al sentirse todos seguros.

He aquí unas cuantas sugerencias que te ayudarán a empezar cuando facilites. Puedes nombrar o identificar el yo que crees que es y después indagar:

- Tú eres la parte de [nombre] que se enfada cuando...
- Tú eres la parte de [nombre] que se emociona con...
- Tú eres la parte de [nombre] que se preocupa por...

O bien puedes preguntar:

- Pareces enfadado. ¿Estás furioso?
- Pareces preocupado. ¿Hay algo que te inquiete?
- Pareces asustado. ¿Tienes miedo?
- Pareces feliz. ¿Estás entusiasmado por...?
- Pareces relajado. ¿Cómo te sientes?

También puedes mencionar el ámbito general de incumbencia de ese yo:

- Tú eres la parte de [nombre] que tiene que ver con la paternidad.
- Tú eres la parte de [nombre] que está activa en el trabajo.

Estas son algunas buenas preguntas adicionales:

- ¿Qué edad tienes?
- ¿Cuál es la primera vez que recuerdas que apareciste en la vida de [nombre]?
- ¿Qué estaba pasando la primera vez que apareciste?
- ¿Cómo eras en la infancia de [nombre]?
- Para ti, ¿qué es lo importante?
- ¿Cuáles son las áreas de la vida de [nombre] en que estás más activo?

- ¿Qué papel tienes dentro del matrimonio de [nombre]?
- ¿Qué papel juegas en el trabajo de [nombre]?

Esto no son más que sugerencias para ayudarte a empezar. Recuerda que el objetivo es darle al yo que estás entrevistando espacio para que hable de sí mismo y sus preocupaciones. A menudo es muy poco lo que el facilitador tiene que hacer con el fin de conectar con el yo más allá de crear el espacio para que hable y después escucharlo activamente. Una vez que nos hacemos conscientes de que nuestras ideas, juicios u opiniones corresponden en realidad a los yoes que tenemos se despliega un proceso de manera natural, que nos conduce a la conciencia. Esta conciencia trae el cambio que hemos estado anhelando, estimula el crecimiento que hemos estado buscando e inspira, en nuestras vidas y relaciones, la pasión que nos ha estado faltando. Esta conciencia es el inicio de nuestro camino de conocimiento.

La facilitación es una manera potente de aprender sobre nuestras relaciones con nosotros mismos y con los demás. También he visto que muchas de las herramientas que he compartido en mis libros anteriores son muy útiles a este respecto. Voy a hablar de dos de ellas —la visualización creativa y el proceso de la creencia central— en el capítulo siguiente.

Técnicas de visualización creativa

La visualización creativa es la técnica de usar tu imaginación natural, creativa, de una manera más consciente, para que puedas crear lo que realmente quieres. Descubrir la técnica de la visualización creativa ha resultado mágico para millones de personas en el mundo. Se está usando con éxito en los campos de la salud, el bienestar, la espiritualidad, las artes creativas, la psicoterapia, los negocios y el deporte, y puede tener un impacto en todas las áreas de tu vida.

Cuando hablamos de «visualización», es importante mencionar que las imágenes mentales son diferentes para todos. Algunas personas pueden «ver» imágenes y escenas, mientras que otras reciben la información por medio de colores, sonidos y objetos, o experimentan una sensación de saber; todas estas maneras son válidas. Lo más importante es que sientas cómo quieres que sean las cosas.

Uno de los usos más importantes de la visualización creativa es la mejora de nuestras relaciones. Si bien muchas personas comparten historias acerca de cómo visualizaron a su compañero perfecto y al final lo manifestaron en sus vidas (a veces hasta el más mínimo detalle), en este capítulo nos centraremos en el uso del poder de la intención para mejorar nuestras relaciones a todos los niveles. Hacemos esto por medio de imaginar qué queremos traer a la relación. Puede ser que deseemos obtener una mayor claridad; entonces podemos visualizar la limpieza de viejos patrones de pensamiento y comportamiento. Si queremos mejorar la calidad de nuestras conexiones con los demás, podemos imaginar que fortalecemos nuestros vínculos y que el sentimiento de intimidad y cercanía aumenta. Podemos traer paz o una sensación de armonía por medio de las afirmaciones y meditaciones. También podemos usar ejercicios específicos para abrirnos a lo que está intentando aflorar en la relación o a lo que el universo puede intentar traernos.

Cuando experimentamos dificultades con una relación, podemos usar la visualización creativa para atraer un gran cambio. Esto es más efectivo cuando se combina con las otras herramientas presentes en este libro. Una manera de hacer esto consiste en reconocer el poder de nuestros pensamientos. Como hemos visto, cuando mantenemos una relación, somos sensibles a la otra persona, y ella es sensible a nosotros. Tenemos todo un nivel de comunicación no verbal con los seres más cercanos. Esta sensibilidad afecta a los pensamientos, actitudes y creencias que tenemos unos acerca de los otros. Esto es importante, porque lo que creemos acerca de un individuo o situación determina cómo actuamos o nos comportamos con ellos.

Si reconocemos este proceso natural, nos empoderamos para cambiar los pensamientos, actitudes o creencias que están afectándonos negativamente. A través del poder de nuestra imaginación, podemos usar las técnicas de la visualización creativa para desprendernos de viejos sistemas de creencias, para cambiar nuestras ideas acerca de nosotros mismos u otra persona y para afirmar nuevas maneras de interactuar. De hecho, nuestra conciencia de este proceso puede, por sí misma, traer un cambio y una sanación radicales. A medida que practicamos la manifestación de nuevas maneras de vernos a nosotros mismos y de ver a aquellos con quienes nos relacionamos, podemos aportar equilibrio a nuestras relaciones. Esto desencadena un proceso de alineación de nuestras acciones exteriores con nuestras intenciones. Como resultado, llevamos consciencia a toda la relación.

Por medio de la visualización estamos reconociendo que tenemos el poder, dentro de nosotros, de llevar a cabo un cambio significativo. Al aceptar este poder personal podemos ver cómo desempeñamos un papel a la hora de crear y cocrear nuestra realidad. Esto significa que si admitimos que tenemos que ver con la creación de nuestra realidad, poseemos el poder de influir sobre lo que vaya a ocurrir, incluso de cambiarlo. Aceptamos nuestra capacidad de crear un cambio positivo en nuestras vidas y en nosotros mismos, y actuamos a partir de esta capacidad.

Adoptar esta posición nos obliga a darnos cuenta de que la creación de nuestra propia realidad no siempre desemboca en imágenes positivas. A veces no nos gusta lo que vemos cuando evaluamos nuestra vida o, más concretamente, a alguien que esté en ella. Si una situación o relación es inaceptable, podemos reconocer que hemos contribuido a crear esto en un nivel profundo, y que por lo tanto todo lo que estamos experimentando tiene un propósito. La verdad es que obtenemos lo que esperamos y pedimos en los niveles más profundos. Esto no quiere decir que nos tengamos que culpar, lamentar o victimizar. Si creemos que tenemos que ver con haber creado lo que estamos experimentando, eso significa que creemos también que podemos hacer algo en aras de cambiarlo.

Esta es una manera de empoderarnos y romper viejos patrones. Podemos adoptar una actitud de responsabilidad total. Este es un primer gran paso a la hora de usar nuestras relaciones como un camino de consciencia. A medida que vamos integrando la idea de que hemos manifestado la situación en la que nos encontramos se revela lo que estamos intentando aprender. Hallándonos en meditación, podemos preguntarnos por qué hemos creado esa situación de esa manera. ¿Por qué he manifestado a esa persona en mi vida? ¿Cómo me está ayudando a aprender y crecer?

Si tienes un deseo sincero de experimentar una relación profundamente satisfactoria y feliz, y si estás listo para aceptar este gozo en tu vida, puedes crear y crearás relaciones que sean adecuadas para ti.

EJERCICIOS DE VISUALIZACIÓN CREATIVA

Siguen a continuación varios ejercicios de visualización creativa que te pueden ayudar con tus relaciones, para los cuales nos basamos en las técnicas más potentes de visualización creativa que existen y en el *Libro de ejercicios de la visualización creativa*. Pueden ayudarte a llegar al punto en que sea natural para ti pensar creativamente y usar tu imaginación de forma positiva. Estos son algunos de los ejercicios más sencillos y efectivos que hemos utilizado:

Ejercicio

LA TÉCNICA BÁSICA DE VISUALIZACIÓN CREATIVA

He aquí la técnica más básica de visualización creativa, en cuatro pasos:

- Elige un objetivo. Identifica algo que desees ser, hacer o tener. Por ejemplo: «Me gustaría saber poner límites en mis relaciones», «Me gustaría tener una relación íntima maravillosa y que me llene» o «Me gustaría tener un amor duradero».

- A partir de ahí, formula una afirmación. Que sea una frase sencilla, en presente, como si eso ya fuera verdad. Por ejemplo: «Pongo límites claros en mis relaciones», «Ahora estoy creando una relación maravillosa y que me llena» o «Estoy creando amor duradero en mi vida».

- Imagina tu objetivo, o siéntelo, como si ya se hubiese realizado. Normalmente es útil que cierres los ojos e imagines cómo serían las cosas si esa meta se hubiese logrado. No te preocupes si no puedes representarte la escena con claridad; tan solo siéntela, o imagínala de la manera que sea más fácil para ti.

- Conscientemente, entrega tu objetivo a tu yo superior, o al poder más grande del universo, y suéltalo. Esto significa que no intentas hacer que suceda; simplemente te relajas y dejas que esa fuerza superior trabaje dentro de ti para crear eso. Después, sigue con tu vida, pero asegúrate de seguir tus impulsos intuitivos e inspiraciones, permaneciendo abierto al crecimiento y el cambio.

Ejercicio

LA TÉCNICA DE LA BURBUJA ROSA

La técnica de la burbuja rosa es uno de los ejercicios más populares. Recibimos regularmente cartas de lectores de todo el mundo que acaban de descubrir este ejercicio o que quieren compartir los asombrosos acontecimientos que han vivido tras usar esta potente herramienta. Este proceso combina los cuatro pasos que acabamos de describir de una manera muy fácil y efectiva.

Siéntate o tiéndete en una postura cómoda, cierra los ojos y respira profundamente, despacio y de manera natural. Relájate cada vez más.

Imagina algo que te gustaría mejorar o manifestar en una relación, o una nueva relación que te gustaría tener. Imagina que esto ya ha tenido lugar. Represéntalo con tanta claridad como puedas en tu mente, o sencillamente siéntelo.

Ahora, en tu imaginación, envuelve tu fantasía en una burbuja rosa. Pon tu objetivo dentro de la burbuja. El rosa es el color asociado con el corazón, y si la vibración de este color envuelve todo aquello que visualizas, te traerá solamente aquello que esté en perfecta sintonía con tu ser.

Ahora suelta la burbuja e imagina que se va flotando por el universo, conteniendo tu visión. Esto simboliza que emocionalmente la estás «soltando», lanzándola al poder superior del universo para que te traiga lo que desearías tener.

Puedes llevar a cabo este proceso una vez y soltarlo por completo o bien realizarlo regularmente, un rato cada vez. Si optas por lo segundo, te recomiendo que lo efectúes cada mañana al levantarte y de nuevo por la noche, antes de acostarte.

Ejercicio

ESCRIBIR AFIRMACIONES

Toma cualquier afirmación con la que quieras trabajar y escríbela diez o veinte veces, una tras otra, en una hoja de papel. Usa tu nombre y escríbela en primera, segunda y tercera persona. Acuérdate de utilizar el presente. Por ejemplo:

- Yo, Shakti, estoy creando ahora una relación íntima maravillosa y que me llena.
- Shakti, estás creando ahora una relación íntima maravillosa y que te llena.
- Shakti ha creado ahora una relación íntima maravillosa y que la llena.

O bien:

- Yo, Gina, estoy sanando ahora mi relación con mi madre.
- Gina, estás sanando ahora tu relación con tu madre.
- Gina está sanando ahora su relación con su madre.

No escribas tus frases de manera rutinaria; piensa realmente en el significado de las palabras en el momento de ponerlas sobre el papel. Advierte si te viene alguna resistencia, duda o pensamiento negativo en relación con lo que estás escribiendo. Si acude algo negativo, aunque tenga poca fuerza, gira el papel y anota en el dorso ese pensamiento negativo, o el motivo por el cual la afirmación que estás escribiendo en la otra cara de la hoja no puede ser cierta, no puede funcionar, etcétera.

Por ejemplo, podrías escribir detrás: «No soy lo suficientemente buena. Soy demasiado vieja. Esto no va a funcionar».

Después, regresa a escribir la afirmación.

Cuando hayas acabado, echa un vistazo al dorso de la hoja. Si has sido honesto, verás ahí bien reflejadas las razones que te están impidiendo tener lo que quieres.

Con esto en mente, elabora varias afirmaciones que puedas utilizar para ayudarte a «contraatacar» y despejar esos miedos o creencias negativos, y escribe esas nuevas afirmaciones. O tal vez prefieras seguir con tu afirmación original si te parece efectiva. También puedes modificarla ligeramente para ser más preciso.

Sigue escribiendo las afirmaciones una o dos veces al día durante unos cuantos días. Una vez que sientas que has visto realmente tu programación negativa, deja de escribir tus pensamientos negativos y sigue anotando tan solo las afirmaciones.

Ejercicio

LA ESCENA IDEAL

Escribir tu «escena ideal» es otro ejercicio de visualización popular que incluimos a menudo en nuestros talleres. Constituye una poderosa manera no solo de manifestar en tu vida, sino también de afirmar el profundo trabajo que estás llevando a cabo.

Puedes trabajar con una meta específica que estés intentando alcanzar; por ejemplo, manifestar una relación que te llene, encontrar un compañero ideal o sanar una relación. Piensa en un objetivo que sea importante para ti, a largo o a corto plazo. Escribe el objetivo tan claramente como puedas, en una frase. También puedes usar este ejercicio para ayudarte a encontrar el lugar adecuado donde vivir o el trabajo que te gustaría tener.

Debajo de esto, escribe «Escena ideal» y procede a describir la situación exactamente como te gustaría que fuese cuando hayas logrado plenamente tu objetivo. Describe tu escena en presente, como si ya existiera, con tanto detalle como quieras.

Cuando hayas acabado, agrega al pie: «Esto, o algo, se está manifestando ahora para mí de maneras completamente satisfactorias y armónicas, para el mayor bien de todos los implicados».

Añade después cualquier otra afirmación que desees y firma con tu nombre.

Ahora siéntate en silencio, relájate, visualiza tu escena ideal en estado meditativo y repite tus afirmaciones.

Conserva tu escena ideal en tu cuaderno, en tu escritorio o cerca de tu cama, o cuélgala en la pared. Léela a menudo e introduce cambios oportunos cuando sea necesario. Tráela a tu mente durante tus períodos de meditación.

Una advertencia: si pones tu escena ideal en un cajón y te olvidas de ella, es muy probable que un día descubras que se ha manifestado de cualquier modo, ¡sin que le hayas puesto, conscientemente, ninguna energía!

LA PRÁCTICA DE LAS TÉCNICAS BÁSICAS

Regresemos a estas mismas técnicas, ahora con el fin de que puedas trabajar con ellas con tu propio objetivo.

En primer lugar, elige algo que quieras manifestar. Puede ser un objetivo emocional; por ejemplo, una relación cálida, que te llene. También puede tratarse de algo material o espiritual, como una casa, una visita a un ser querido o un trabajo.

A la hora de establecer este objetivo, elige algo que sea importante para ti; algo que puedas conseguir, que sea realista obtener, pero que refleje el cumplimiento de algún sueño o meta. Toma una hoja de papel y escribe tu objetivo arriba con una frase sencilla, específica: «Mi objetivo es...».

A continuación, establece tu objetivo como una afirmación por medio de anotarlo como una frase en presente, como si *ya* lo hubieras obtenido. Asegúrate de no escribirlo en futuro («tendré») o como un deseo («quiero»), pues esto ubicaría tu objetivo en el *futuro* en vez de asentarlo en tu presente. Usa expresiones como «*ahora* tengo...», «*ahora* estoy creando...», «*ahora* estoy haciendo...», etcétera. Conserva tus tres versiones de la afirmación tan cortas y sencillas como sea posible.

Ahora cierra los ojos, haz unas cuantas respiraciones profundas y relaja tu mente y tu cuerpo. Dite la afirmación a ti mismo unas cuantas veces e imagina que eso ahora es verdad. ¿Cómo te sientes una vez que tu deseo se ha cumplido? Después imagina que pones esto en una burbuja rosa, que lanzas esa burbuja al aire y dejas que se vaya.

Afirma ahora, conscientemente: «Estoy entregando esto a la inteligencia superior del universo que está dentro de mí, para que me guíe a la hora de crearlo».

También puedes repetir esta afirmación cósmica: «Esto, o algo mejor, se está manifestando ahora para mí de maneras totalmente satisfactorias y armónicas, para el mayor bien de todos los implicados».

Escribe ahora una escena ideal en relación con tu objetivo específico. Redacta unos cuantos párrafos describiendo este objetivo con tanto detalle como sea posible, como si ya fuera una realidad. Escríbelo en presente («Ahora estoy...»).

Si tienes alguna dificultad para hacer esto, mira si puedes proyectarte mentalmente en el futuro, a un tiempo en que esta meta se haya logrado plenamente. Después simula que escribes una carta a tu mejor amigo, en la que le describes la situación con detalle.

Por ejemplo, si tu objetivo es encontrar una nueva relación, o mejorar una ya existente, escribe una descripción de tu relación ideal como si ya la tuvieras. Describe cómo es tu compañero, cómo te sientes, qué hacéis juntos, qué hacéis por separado, vuestro entorno, etcétera. Asegúrate de hacer afirmaciones positivas. No dejes espacio para la culpa ni describas qué tiene de «malo» tu pareja, otra persona o una situación. Sencillamente, establece la manera ideal en que irá la relación o situación. Este proceso también funciona para sanar heridas pasadas o experiencias que estamos listos para soltar.

¡No subestimes el poder de estos ejercicios!

Ejercicio

PERDONAR Y LIBERAR A LOS DEMÁS

He aquí otro ejercicio sencillo de realizar con el que se obtienen grandes resultados. ¡Hazlo y compruébalo! Para muchos, puede constituir la llave que los abra a la intimidad que han estado anhelando.

En la parte superior de la página, escribe: «Las personas que me han herido en la vida son...». Después añade los nombres de todas las personas que sientas que te han maltratado, te han hecho daño o han sido injustas contigo, o hacia las cuales sientes o has sentido resentimiento, dolor o ira. Junto al nombre, escribe lo que esa persona te hizo o por qué estás resentido con ella.

Después cierra los ojos, relájate y visualiza o imagina a cada persona, una por una. Ten una pequeña conversación con cada una de ellas, una tras otra, y exprésales el enojo que has experimentado, cómo te has sentido herido. Diles exactamente qué han hecho que te ha perturbado y qué quieres de ellas. Una vez que hayas hecho esto, explícales que ahora vas a hacer todo lo posible para perdonarlas por todo y para disolver y liberar toda la energía constreñida que hay entre vosotros. Bendícelas y dile a cada una: «Te perdono y te libero. Sigue tu camino y sé feliz».

Cuando hayas acabado este proceso, escribe a lo largo de la hoja: «Ahora os perdono y libero a todos». Tras finalizar el ejercicio, puedes arrancar esta página y tirarla, como símbolo de soltar, o escribir «PERDONADOS Y LIBERA-DOS» en letras grandes a lo largo de toda la página.

Ejercicio

PERDONAR Y LIBERARTE A TI MISMO

En este ejercicio, te enfocas en perdonarte y liberarte a ti mismo. En la parte superior de la página, escribe: «Las personas a las que he herido en mi vida son...». Después anota el nombre de todos aquellos que recuerdes a quienes sientas que has herido o con quienes has cometido una injusticia, y escribe lo que les hiciste.

De nuevo, cierra los ojos, relájate e imagina a cada persona, una tras otra. Explícales lo que hiciste y pídeles que te perdonen y te den su bendición. Después imagínatelas haciéndolo.

Cuando hayas acabado este proceso, escribe en la parte inferior de la hoja (o sobre todo lo que has escrito): «¡Me perdono y absuelvo de toda culpa, aquí y ahora, y para siempre!».

Cuando acabes de hacer este ejercicio, puedes arrancar esta página y tirarla, como símbolo de soltar, o escribir «PERDONADO Y LIBERADO» en letras grandes a lo largo de toda la hoja.

Perdonar y liberar a los demás y perdonarte y liberarte a ti mismo despeja los bloqueos emocionales que impiden la intimidad. Las viejas heridas pueden dificultar nuestra capacidad de mostrarnos abiertos y vulnerables con nuestra pareja actual. Los remordimientos sobre cómo nos hemos comportado en el pasado pueden hacernos sentir indignos de ser amados. Este ejercicio es útil en todos los aspectos de la vida, pero también puedes enfocarte específicamente en perdonar las heridas que sentiste o infligiste en viejas relaciones.

Verás y sentirás los efectos de estos ejercicios inmediatamente. Nos muestran la manera de llegar a tener relaciones felices y conscientes.

Ejercicio

EL PROCESO DE LA CREENCIA CENTRAL

Este proceso ha demostrado ser muy efectivo para muchas personas. Se hace mejor con un compañero, pero también puedes realizarlo solo. Si lo llevas a cabo con un compañero, uno de vosotros hace las preguntas y el otro las responde. Tomaos unos dos o tres minutos para cada paso. Después cambiad los roles.

Si haces este proceso solo, puedes escribir tus respuestas a cada pregunta, respondértelas en silencio o pronunciarlas en voz alta ante una grabadora y después escucharlas.

Siéntate en silencio por un momento, con los ojos cerrados, y entra en contacto con la parte poderosa y responsable de ti mismo; tal vez el yo principal que ves como el

173

creador de tu experiencia actual o el yo que puede ayudar más en esta situación. Asegúrate de trabajar para integrar al yo contrario, también, en este ejercicio, de tal manera que los yoes trabajen juntos. Ahora piensa en una determinada situación, problema o área de tu vida en que necesites expandir tu conciencia, como un jefe con el que no te llevas bien o un exmarido con el que compartes la custodia de tus hijos.

A continuación completa los pasos siguientes:

- Describe la situación, el área de tu vida o el problema sobre el que quieres trabajar. Tómate unos minutos para hablar de ello en general.
- ¿Qué emociones estás sintiendo? Descríbelas. No describas los pensamientos que estás teniendo en relación con la situación, sino solamente las emociones relacionadas con ella (por ejemplo miedo, tristeza, ira, frustración o culpa).
- ¿Qué sensaciones físicas estás experimentando?
- ¿Qué pensamientos negativos, miedos o preocupaciones estás teniendo? ¿Qué «cintas de casete» o programas se están ejecutando en tu cabeza? Tómate tres o cuatro minutos para describir estos pensamientos.
- ¿Qué es lo peor que podría suceder en esta situación? ¿Cuál es tu mayor miedo? Supón que eso ocurriera. En ese caso, ¿qué sería lo peor que podría suceder? ¿Qué pasaría si eso ocurriera? En ese caso, de nuevo, ¿cuál sería la peor de todas las cosas que podría ocurrir?

- ¿Qué es lo mejor que podría pasar? Describe la situación ideal que te gustaría encontrarte, tu escena ideal en relación con esta área de tu vida.

- ¿Qué miedo o creencia negativa está evitando que crees lo que quieres en esta situación? Una vez que hayas explorado esta cuestión, escribe tu creencia negativa en una frase, de una manera tan precisa como puedas. Si tienes más de una, escribe todas ellas.

- Crea una afirmación para contrarrestar y corregir la creencia negativa. Aquí hay algunas pautas:

  * La afirmación debe ser corta, lo más sencilla posible y significativa para ti.

  * Ha de formularse en presente, como si aquello ya estuviese ocurriendo.

  * Debe contener tu nombre. Por ejemplo: «Yo, Shakti, soy una persona que vale la pena. ¡Merezco ser amada!».

  * La afirmación tiene que relacionarse directamente con tu creencia negativa central y convertirla en una creencia positiva, expansiva.

  * Debes sentir que esta afirmación es totalmente correcta para ti. Si lo es, probablemente te ocasionará una fuerte emoción. Si no lo es, trata de cambiarla hasta que lo sea.

He aquí algunos ejemplos:

CREENCIA NEGATIVA: «El mundo es un lugar peligroso. Tengo que luchar para sobrevivir».

AFIRMACIÓN: «Yo, Gina, vivo ahora en un mundo seguro y maravilloso. Cuanto más me relajo y disfruto, más segura me siento».

CREENCIA NEGATIVA: «No merezco ser amada», o «Las relaciones son difíciles».

AFIRMACIÓN: «Yo, Shakti, cuento con unas relaciones maravillosas. ¡Merezco ser amada!».

Usa tu afirmación de estas maneras:

- Dite tu afirmación en silencio en meditación, imaginándote que todo funciona a la perfección.
- Si lo estás realizando con un compañero, haz que este repita tu propia afirmación en voz alta, utilizando tu nombre y mirándote profundamente a los ojos. Después de que la haya pronunciado, di tú: «¡Sí, lo sé!». Repite este proceso diez o doce veces. Después, tú expresas tu afirmación y tu compañero dice: «¡Sí, es verdad!».
- Escribe tu afirmación diez o veinte veces al día. Si afloran pensamientos negativos, escríbelos en el dorso de la hoja; después sigue escribiendo la afirmación en la otra cara de la hoja, hasta que la sientas clara.

Conclusión

Puedes descubrirte preguntándote: «¿Qué sentido tiene todo esto?», «¿Por qué debería hacer todo este trabajo?» o tal vez «¿Por qué desenterrar memorias pasadas y sentimientos dolorosos?; lo que está hecho, hecho está». Nuestra respuesta es esta: conviene hacerlo en aras de la *libertad*. La libertad respecto de los patrones que nos han frenado, que nos han mantenido en relaciones que no eran buenas para nosotros o atados por nuestro pasado. Tener libertad significa que volvemos a tener permiso para elegir cómo comportarnos, cómo tomar decisiones y con quién tenemos intimidad. Esta libertad es el fruto natural de hacer este trabajo. Es el producto de cavar profundo y mirarnos honestamente a nosotros mismos, de tomar nuestras experiencias de cada día y convertirlas en oportunidades de vernos a nosotros mismos bajo una luz totalmente nueva. Esta libertad se hace posible gracias a nuestra capacidad de acceder a los distintos aspectos que se hallan en nuestro interior y de movernos hacia delante desde un espacio consciente.

A través de nuestra libertad recién encontrada, somos capaces de compartir esta liberación con aquellos con quienes nos relacionamos, especialmente nuestras familias y aquellas personas con quienes tenemos intimidad. Una vez que abrazamos la totalidad de lo que somos, descubrimos también que aceptamos y toleramos mucho mejor a los demás. Somos capaces de extender el perdón a ellos, de la misma manera en que hemos sido capaces de perdonarnos a nosotros mismos. A medida que aprendemos a vernos bajo una nueva luz, vemos a los demás también bajo una luz nueva.

Asimismo, a medida que encontramos sanación para nosotros mismos la encontramos también para nuestras familias, incluidas nuestras familias de origen. Desplazamos el peso de la responsabilidad que hemos puesto en aquellos que nos criaron y educaron y hacemos las paces con nuestro pasado. No es que ahora pensemos que todo lo que ocurrió estuvo bien, o que no importa; es tan solo que no necesitamos recrear una y otra vez las experiencias que nos hirieron o permanecer atrapados en nuestro pasado esperando que algo cambie. Al hacer esto, liberamos a los demás de verse atrapados asimismo en el pasado.

Nos damos cuenta de que el tiempo ha pasado y de que ahora nos hallamos aquí. Hoy nos sentimos empoderados para movernos más allá del pasado y encontrar nuevas maneras de estar en nuestras vidas y con nuestras familias. Llegamos a permitir que las personas que forman parte de nuestras vidas sean quienes son, desde el momento en que nos damos permiso a nosotros mismos para ser quienes somos. Les damos la dignidad de tener sus historias, yoes y maneras de encarar la vida, tal como nosotros tenemos los nuestros.

La clave de esta libertad empieza con una actitud de apertura, a medida que vamos tomando conciencia, exploramos la aceptación y hallamos la libertad de elección.

Vemos nuestras relaciones como *caminos* porque nos conducen hacia la sanación y el crecimiento. Nos ofrecen la oportunidad de usar los reflejos que vemos en los demás para comprender mejor nuestro propio proceso; sobre todo, comprendemos cuándo podemos necesitar emprender nuestro próximo proceso. Al adoptar esta perspectiva, somos capaces de abordar las interacciones de una forma totalmente nueva. Podemos usar nuestras reacciones, incluso nuestros sentimientos y experiencias negativos, como acontecimientos que pueden traernos nuestra mayor sanación y crecimiento. Al adoptar este nuevo punto de vista, las posibilidades son infinitas.

Cuando me puse a escribir este libro, Gina y yo teníamos muchas ideas que queríamos transmitir, experiencias que queríamos compartir y herramientas que queríamos ofrecer. Uno de nuestros principales objetivos era ofrecer el Taller de las Relaciones en formato de libro. Nuestra esperanza era hacer que este material estuviese a disposición de los lectores que no podían viajar para venir a vernos o asistir a un taller.

Durante la escritura de este libro, decidí dejar de impartir talleres. Esto convirtió el objetivo del libro en más perentorio. También quise ofrecer una obra que no fuese tanto sobre «cómo actuar» y más sobre cómo puedes usar las dificultades con las relaciones como oportunidades para crecer. Elegimos titularlo «Manual» a propósito, porque deseábamos que este material fuera útil y que el lector pudiera remitirse a él una y otra vez, tomándolo como referencia. Gina y yo esperamos que hayas encontrado este material útil y provechoso de la manera que habíamos imaginado.

Cuando estábamos acabando de escribir el libro, nos dimos cuenta de que esto no es un final, sino un principio. ¡El principio de nuestra próxima aventura! Esto es cierto para todos nuestros caminos: cuando llegamos a un final, nos damos cuenta de que en realidad se trata de un comienzo. Esperamos que esto sea el inicio de algo especial para ti; posiblemente toda una nueva manera de estar en la vida y de relacionarte. ¡Te deseamos lo mejor en tu viaje de autodescubrimiento!

Agradecimientos

Queremos dar las gracias a Judy Vucci, no solo por ser la madre de Gina, sino también por su disposición a leer todas las versiones del manuscrito que le dimos y por su significativa contribución a nuestros talleres y a este proyecto.

Shakti quiere dar las gracias a su marido, Jim Burns, por su amor y su apoyo, y por recorrer este camino con ella. También a su madre, Beth Gawain, por su espíritu pionero y por ser su mayor seguidora.

Gina quiere agradecer a su familia y amigos, sobre todo a sus hijos, por su apoyo durante las muchas noches y fines de semana en que trabajó en este proyecto y dejó de dedicarles tanto tiempo (¡os quiero muchísimo, Sawyer Dedmon, Cole Dedmon y Anabel Long!). También quiere dar las gracias a su grupo Chicas con Espadas, a Jeff Mazzariello, a Luz Alvarado y a Malia McKinney por su bondad, amor y sabiduría.

Finalmente, queremos expresar nuestro agradecimiento a todos quienes habéis asistido a nuestros talleres a lo largo de los años. Nos hemos visto inspiradas por todos vosotros y por vuestro compromiso inquebrantable con vuestra sanación y crecimiento.

El diálogo de voces de Hal y Sidra Stone

Los doctores Hal y Sidra Stone se conocieron en el sur de California a principios de la década de los setenta. Hal era analista junguiano y Sidra, psicoterapeuta. Fueron colegas durante muchos años y compartieron una profunda amistad, hasta que finalmente se casaron. En la actualidad viven y trabajan en Mendocino (California).

Cuando empezaron, estaban muy enamorados. Su relación comenzó siendo muy satisfactoria, llena de afecto. Ambos habían estado casados anteriormente y tenían hijos de esos matrimonios. Con el tiempo, se dieron cuenta de que se estaban repitiendo unos patrones similares a los que se habían dado en sus relaciones anteriores. También surgieron problemas con las familias de sus ex. Al encontrarse en medio de estas dificultades, se comprometieron a trabajar con los desafíos que estaban experimentando. Estaban decididos a permanecer juntos y a mantener su relación viva y romántica. Comenzaron a profundizar en su proceso, a examinar sus patrones y a buscar comprender las dinámicas de su relación. A medida que avanzaron, se dieron cuenta de que también tenían comportamientos similares en sus relaciones menos íntimas. A través de estas experiencias reveladoras, desarrollaron un proceso que les ayudó enormemente a cambiar estos patrones.

Fueron conscientes de que ambos tenían ideas o puntos de vista diferentes, a menudo contrapuestos, en relación con un tema o situación dados. Exploraron estos distintos aspectos y descubrieron que detrás de esas perspectivas aparentemente conflictivas había en realidad «yoes» o voces que se estaban expresando. Era como si tuvieran muchas subpersonalidades que trabajaban juntas para construir su personalidad completa. Estos yoes tenían sus propias opiniones, pensamientos y reacciones. Hal y Sidra se hicieron la facilitación al uno al otro por medio de hablar con estos distintos yoes. A través de este proceso evolucionó la técnica del diálogo de voces y el trabajo que denominaron psicología de los yoes y del ego consciente.

Con el tiempo fueron compartiendo y enseñando estos conocimientos y estas técnicas; formaron a personas por todo el mundo. Actualmente siguen madurando su comprensión de este trabajo; están haciéndolo evolucionar constantemente y expandiéndolo, integrando lo que aprenden a lo largo del camino. Descubrir este trabajo fue la clave, para ellos, para encontrar la libertad en su relación: les otorgó un marco para poder resolver todos los problemas que han surgido entre ellos a lo largo de su viaje de treinta años juntos.

Su método constituye un conjunto integrador de trabajo psicoespiritual, que se relaciona con muchas otras disciplinas, entre ellas el análisis junguiano, la terapia Gestalt y la psicosíntesis, por nombrar algunas. Su aportación es tan amplia y global, sin embargo, que va algunos pasos más allá de cualquier otra cosa que hemos conocido. Nos ha sido extraordinariamente útil, tanto en nuestro proceso de sanación personal como en nuestro trabajo con otras personas.

Gran parte de nuestra comprensión relativa a los muchos yoes que tenemos en nuestro interior, y a la importancia de desarrollar el ego consciente, la hemos obtenido gracias a haber estudiado y trabajado con Hal y Sidra Stone. La comprensión que tienen de los yoes es muy profunda, y el método que han creado para llegar a conocer y comprender nuestras muchas subpersonalidades constituye una de las herramientas de consciencia más potentes que hemos experimentado jamás.

Hal y Sidra son unos autores y profesores sabios y maravillosos que siguen conduciendo talleres y formaciones así como publicando libros, CD y DVD. Sus sitios web son www.voicedialogueinternational.com y www.voicedialogue.org.

Sobre las autoras

SHAKTI GAWAIN es una pionera en el campo del desarrollo personal. A lo largo de unos veinticinco años ha sido una autora de éxito y ha enseñado en el ámbito de la consciencia, por lo que ha obtenido reconocimiento internacional. Ha ayudado a miles de individuos a desarrollar una mayor conciencia, equilibrio y plenitud en sus vidas.

Shakti ha escrito numerosos libros que son considerados clásicos en su campo; ha vendido unos diez millones de ejemplares, que han sido traducidos a más de treinta idiomas. Estos libros incluyen, en español, los títulos *Visualización creativa*, *Vivir en la luz*, *Descubra la verdadera prosperidad*, *Despertar a la conciencia*, *Reflexiones en la luz* y *Retorno al Edén*.

Shakti cofundó, junto con Marc Allen, la editorial New World Library, y ha aparecido en programas de difusión nacional, tales como *The Oprah Winfrey Show*, *Good Morning America*, *Sonya Live*, *Larry King Live*, *Leeza*, *America's Talking* y *New*

Dimensions Radio, y ha sido presentada en las revistas *New Wo-man*, *New Age Journal* y *Time*.

Es una apasionada del medio ambiente que cree que a medida que traemos mayor conciencia a nuestras vidas diarias podemos aprender a vivir de manera equilibrada en nuestro planeta. Ella y su marido, Jim Burns, viven en Mill Valley (California). Su sitio web es www.shaktigawain.com.

GINA VUCCI ha trabajado con Shakti Gawain durante unos quince años. Tras haber sido formada personalmente por Shakti, Gina codirige talleres junto con ella, hace facilitación con grupos y ha contribuido con los éxitos de ventas de Shakti. Es una firme defensora de las mujeres, los niños, la justicia social y el medio ambiente. Ha trabajado en varios campos como consejera, tutora y *coach* de individuos y pequeñas empresas, y aporta un profundo nivel de experiencia, sabiduría y alegría a su trabajo con los demás. Es madre de tres niños inspirados y vive en Carolina del Norte. Tiene un blog, www.soccermomspirituality.com.

Índice